JN151708

TeT コンパクト聖書注解

出エジプト記 I

C.ホウトマン◉著
片野安久利◉訳

教文館

Originally published in the Netherlands
under the title:
TEKST EN TOELICHTING, Dr. C. Houtman, Exodus I
© by Uitgeversmaatschappij J. H. Kok,
at Kampen, 1988
Japanese Copyright ©2019, KYO BUN KWAN, TOKYO

目次

目次

目次

装幀　熊谷博人

はじめに

まず私がこの注解書を書く動機を述べよう。この聖書の一書、包括的であり複雑な一書は、昔の農業中心で定住して生活する人々の間に成立した。彼らの知識も思考も自然科学の面からは貧しく、彼らの世界観察は直接、あからさまに神の介入を引き立たせる場であった。だからそれは、活動する神に関する古代世界における一つの証言である。啓蒙期後の産業化し、絶えず変化する西欧社会で生きる者たちは時間的にも文化的にも遠く離れた、出エジプト記の最初の読者や聞き手とはしばしばまったく違った問いを抱いている。この現代人のために必要な解明によって本来の姿を見えるようにすることが私の動機である。このコンパクトシリーズのためにこの注解書を書くよう招請を受けた時、私は今述べた問いの前に立っていた。これはその答である。また自由に傍注を入れた。

出エジプト記の豊かな注解と長い歴史を見る時、沢山の興味をひく発言が必要であることは言うまでもない。しかし私は意識的に割愛することとした。注解が興味深いがやはり多かれ少なかれ意図的に選択された様々な意見をとりまとめた詞華集になってはならない。だから私は次の問いに集中して答えようとした。出エジプト記の筆者は、編集者がと言ってもよいが、どんな意図をもって資料を処理したのか、そして現在私たちの目の前にあるような形にしたのか。この筆者（編集者）の意図に集中することでこの注解書は一貫している。筆者はこの物語をどのように運んで行ったか。どのような効果を読者や聞き手にもたらそうとしたか。どんな反応を引き出したいと願っていたのか。しかし舞台に登場する筆者と読者は私が設定したと誤解されないようにしよう。舞台はただのフィクションであるということではないのである。舞台の構想は出エジプト記そのものの徹底的研究に基礎づけられる。そして聖書の物語芸術の驚くべき光に照らされ、古代近東、特にイスラエル人の文化と宗教の知識が反映しているのであろう。「私の」筆者と「私の」読者は古代イスラエル人である。私は二〇世紀の人々の役に立ちたいと一つの役割を演じたいと願っている。私は通訳の仕事がしたいのである。筆者と最初の読者や聞き手と二〇世紀の読者との間にある文化的ギャップに橋をかけたいのである。つまり現代人にとっての障壁を筆者自身が目指した方法により、筆者自身に「持ち帰らせる」のである。聖書本文の訳に続く脚注を見れば、この注解書の読者は難解の部分を理解することができるであろう。

筆者が目指した方法で筆者に「持ち帰らせる」と述べたが、古代イスラエル人の知識と思考の世界に関して更に必要なことがある。最初の読者、聞き手のいわば、その身になるためには、二〇世紀の読者はもう一つの邪魔を取り除かなければならない。私たちはしばしばまったく歴史的な色合いを持つ問いを出す傾向がある。たとえば筆者はエジプトの歴史からよく知られているパロのどの歴史に特に注目していたいのか、あるいは、エジプトに起こった災いの発生を今日どう考えなければならないのか、あるいは、脱出はかっきりいつ、どのように起こったのか、等々の問いである。出エジプト記の筆者が予期してもいなかった問いである。これらの問いに筆者が答えることができないものもある。

部分的に筆者は、驚きつつ十分に答えるであろう。一体こういう問いは出してはいけないのか。出エジプト記の釈義が歴史的信憑性、年代特定等の問題に熱心に取り組むことは、避けるよりもむしろなされるべきであろう。すると著者は黙ってしまい、出エジプト記とその説教は視界の外に留まる。死んだも同様だ！　手短に言えば、今日の「見識ある」読者は、近代主義者から聖書学者に至るまで、出エジプト記そのものに入りこみ、前述した部類の問いや答を自ら沈静させなければならない。それでこそ出エジプト記の筆者が本来目標にしていたのはその読者なのだから、その人は身ぐるみ正しい理解者になるであろう。

この注解書では「実際の」歴史に関する問いはまったく考慮していない。また出エジプト記に出て来る場所はどこかというもう一つの質問には、まったく答えないほどで、答えるにしても最小限、暗示程度であり、出エジプト記の理解にとって最優先のものではない。そのほかの議論についても（ほとんど）完全に素通りするつもりである。コンパクト注解シリーズの創世記著者C・ヴェスターマン博士と同様、自分の書いた詳細な注解書を参照するように指示したい。すでに第一分冊は一九八六年に出版された。第二分冊は遅くなるが一九八八年に印刷される。現注解書はその大きな注解書を基礎にしている。それを見れば私の注解書と聖書訳を詳しくおわかりいただけると思う。更に解釈史や、ここでは省略された問いも十分に答えられている。

最後に一つ、翻訳についてコメントしたい。訳文に時々現われる括弧の中の言葉であるが、はっきりさせるために加えられたものである。ただそれだけのものであり、また誤解を避けることが出来るかもしれない。しかし、これらの補足は「言わずもがな」のものかもしれない。

アムステルベーン　一九八七年八月三一日

C・ホウトマン

諸　論

I　聖書における名称と場所

キリスト教の伝統では、旧約聖書の第二の書物に対して通常『出エジプト記』と呼ばれるが、それはラテン語訳聖書ヴルガタに由来する。また、ギリシャ語訳聖書セプチュアギンタでも用いられた書名の書き直しである。この名は出エジプト、つまり（エジプトからの）集団大移動という内容に基いている。ユダヤの伝統ではこの書の最初の文字（ウェレ）シェモート（そしてこれらは）「名前」からその書名としている。出エジプト記は、それ自身で独立したものではない。内容的に、その前の書とその後の書に結びついている。ユダヤの伝統では前にある創世記及び、後に続くレビ記、民数記、申命記と共に古い時代から聖書の独自な部分とされ、トーラーと呼ばれた。キリスト教の伝統ではこの五部作を「五書」、「モーセ五書」という。

Ⅱ　成立史

長年にわたり、モーセがユダヤ、サマリア人そしてキリスト教会によって創世記から申命記までの五部作の筆者と見なされて来た。聖書成立の歴史的批判的研究以来、五書の成立に関する様々な意見が伝統的な考えにとってかわって来た。私はそれらの意見をここに紹介することはやめる。私の考えによれば出エジプト記が創世記から列王記下までを含む歴史作品の一部をなしており、世界の諸民族の間からのイスラエルの選び、それが主によって与えられた土地で主に礼拝を捧げるためであったこと、そこで主に対してこれが不真実になり、遂にその追放に至る物語を述べていると指摘することで補足する。これは出エジプト記の歴史を通してこのイスラエルの民に呼びかけているとの考えを確立し、このような方法で筆者（前六世紀中期）は同時代人に対して前五八六年の悲劇、つまり、エルサレムの陥落とユダの敗北に至った原因と実情を明らかにしようとしている。この書物は同時に主に対する悔改めと信頼と戒めに対する絶えざる呼びかけでもある。人々が自ら悔改める時にのみ、主との契約に望みをかけることができる。

この偉大な作品が成立する際に、様々な古代的起源と性格を持った資料が利用されたことは間違いない。それにもかかわらずこの書は私たちの前にあるようにかなりの統一性を示している。由来の異なる建築材料を用いて、しかも大いに創造性を発揮しつつ、一つの新しい建築物が出来上がった。私の見方によれば、この作品は統一体として意図され、そのように理解されることを望んでいる。これを読むためには、この出エジプト記のテキストが私たちの前にあるままに最終編集の作品であり、釈義の出発点である。ただ時々であるが、このテキストを理解するために必要な場合には、釈義かたがたテキストの複合性を指摘するであろう。

Ⅲ　物語の筋

これまで述べた通り、出エジプト記は創世記に属し、列王記上下の作品全体を包摂していて、それらを一体として理解すべきである。このように理解するために特に出エジプト記と創世記の関連をよく見なければならない。創世記を十分に理解する時、次の問いが生まれる。どのようにして神は族長たちに対する約束を具体化するのであろうか（創一二・2以下、7、一三・15以下、一五・7、一七・2、8、二六・4、二八・13以下等）。どのようにしてヤコブの息子たちは一つの大きな国民に成長し、自分たちの領土で生活するようになるのであろうか。こういう問いに対して出エジプト記は答えているし、ヨシュア記がその答を出している。大いなる子孫の約束が成就したことが簡潔に述べられている（出一・7）。モーセの約束の実現が出エジプト記の内容とヨシュア記を結びつけるテーマになっている。

しかし族長たちに対する約束は何のためだろうか。イスラエルの選びは何のためであろうか。この問いの答を得るために読者は創世記の始めに、特に原歴史に戻って見なければならない（創一―一一章）。そこでは、神と人間との幻滅的経験が描かれている。人間は自分の中に高ぶる不可解な性質を抱えている。彼は神の定めに背き、自らの運命を自ら決定しようと願う。自立した者になろうとする。自分を神に並ぶ位置に置き、神に対抗しようと常に試みる。原歴史は人間の堕落について三つの物語を記している（創三章、六・1―4、一一・1―9）、また人間に新しい始めを与えようとする神の絶えざる熱意についても記している。第三の堕落の後（創一一・1―9）神は、大洪水のような恐ろしい手段を用いた後（創六・5以下）、もはや大地を清めることは断念し、ほかの道を取ろうとする。アブラハムを選び、彼から始まり成長する民族イスラエルを作ることによって地のあらゆる国民を祝福しようと定め（創一二・1―3）、創世記第一章の世界を神は自ら考えたような世界とする最終目標を実現しようとした。原歴史はどのようにイスラエルが人間全体と結びついているか、またアブラハムの物語を出発点とするイスラエルの歴史が（創一一・27以下）どのように人類に奉仕しようとしているかを明らかにしている。キリスト教会にとってはこれは神と人間との歴史であって、イエス・キリストの到来に結びついている。

ここまで述べて来たこととの関係で言えばこの第一分冊の取扱う出エジプト記の第一章から第一五章に限定される。

Ⅳ　活動の場所と時代

活動の場所は主としてエジプトである。それは今日ではナイルとして知られている大河に支配された国である（出一・22、二・3、5、四・9、七・15等）。食料は豊かであり、イスラエルの先祖たちが飢餓の苦しみからそこに逃げて行った（創一二・10以下、四七章、五〇・20）。しかし出一―一五章にはエジプトがイスラエル人を抑圧し、長期に及ぶ一連の劇的な事件の現場であったと記されている。それらが終ったのは、イスラエルが海の対岸に（出一四・21）、そして荒野に出て行った時である。出エジプト記に書かれているそのほかの物語は、そこで起こった出来事である（一五・22以下）。だが、エジプトだけが活動の場所ではない。この書の始めに筆者はモーセがエジプトからミデアンの地に逃げて行ったと知らせている（二・15以下）。そこでイスラエルの解放者が召しを受けたことが、歴史の推移全体にとって基本的な出来事であると証言している（出三―四章）。

ほかの所で筆者はゴセンの地をエジプト国内にあるイスラエルが住む飛び地と呼ぶ（八・18、九・26。参照創四五・10、四六・28、29、34、四七・1、4、6、27、五〇・8）。そのほかの所では筆者はイスラエル人がエジプト人の間で生活した（三・3以下、一二・22、八・16、九・13、一一・2、一二・21以下、31、33、35）、ナイルのほとりに住んだ（一・22、二・1以下）との印象を与えている。

イスラエル人がエジプトに滞在した期間は四三〇年であったが（一二・40以下）、その間の歴史でひたすら目を向けているのは最後の部分である。その時の鐘を打ったのは「ヨセフについて何も知らない王」（一・8）であり、その一世代だけであった（七・7また二・1、11、23参照）。

V　主役たち

一．沢山の台詞を語るのは（一・8以下）第一にパロである（一・11等）。エジプト王とも言われる（一・15等）。物語には二人のパロが登場する（一・8と二・23を見よ。四・19参照）。しかし演じている役に違いはない。死んで去る者としては同じである。族長たちに与えられた主の約束の妨害者であり続ける（一・8以下参照）。イスラエルが今よりも遥かに多くなるとの約束を実現させないように断固決意する。彼らがパロの国を去り、子孫の国を繁栄させようとする主の約束に反対する。パロはイスラエルを犠牲にして利益を独占しようとする。「わたしの民を去らせよ。荒野に行ってわたしを礼拝するためだ」と言う主の命令の実現をパロは邪魔する（七・16、26、八・16、九・1、13等。参照三・12、四・23、五・1）。彼はイスラエルが自分に仕えることをのぞみ、七・16等に「仕える」というヘブライ語動詞が用いられているが、パロがイスラエルに課した強制労働を語る場合にも同じ単語が用いられ「あがめる」と訳される（一・13、14、五・18、六・5、一四・5、12）。パロは「彼の民」の介助を受ける（一・9、22、五・16、七・28、29、八・4、5、7、17等）。彼の家臣たち（五・21、七・10、20、28、29、八・5、7、17等）、彼の魔術師たち（七・11、22、八・3、14、15、九・11）の介助を受ける。

二　第二の主役は二・24に印象的に登場する。それはイスラエルの神である（五・1）。「主、ヘブライ人の神」である（三・18、七・16、九・1、一〇・3。参照五・3）。族長たちに約束を与えた神（二・24）、イスラエルとあまりにも特別な関係を結んだ神、イスラエルに自らを結びつけた神である（六・7以下）。彼はイスラエルを自分に要求するし、イスラエルがただ自分にのみ奉献することを求める。イスラエルが主に仕える、つまり「礼拝する」ことを主は求めた。それはイスラエルがその神を主人として認識し告白する決意を求めることである。パロとそして特にイスラエルを（六・7、一〇・2、一一・7）、対イスラエル主権を主にのみ帰する洞察に、主は導こうとする（七・5、17、八・6、18、九・14、29、一四・4、18。参照五・2）。主はイスラエルを「わが民」と見ている（三・7、10、五・1、七・4、16、26、八・16、17等）。主はモーセと兄弟アロンを補助者、「魔術師」、自らの代理人とした（四・14以下、27以下、五・1、4、20、六・13、七・1以下、6、8、10、20、八・4、8、21等）。

結局、出エジプト記一―一五章は主とパロとの格闘に終始している。イスラエルの所有ということを賭けたのである。エジプトの神々はただついでに登場するだけである。パロが主の相手である。両者には部下がいる。それは「民」である。民の運命はそれぞれの主人であり頭である者の態度にかかっている。

三　主がこの戦いの舞台に公然と現われる前に（三章）、またモーセとアロンが主の代理人として登場する前に、主は女たちを用いて出来事の過程を支配する。エジプトの産婆たちがパロの邪悪な企てを挫折させた（一・15―21）。モーセの母親と姉、パロの娘（二・1―10）、エテロの娘たちのお蔭で将来のイスラエル解放者は彼の目的を果たせるようになる。モーセの召命の後、解放の仕事が大事な所で停滞しなかったのも一人の女のお蔭である（四・24―26）。ほかの手段が何一つ見つからない時でも、女たちは（参照ヨシ二章、六・22以下、士四・5、一サム一九・11以下、二五・14以下、ユデ八章以下）その時々の状況で用いられる可能性を見出し、事態を良い方向に導く道を知っている。

Ⅵ　神学的基本線

二・23に来てようやくイスラエルの神が前面に登場する。これまで「神」という語は確かに出て来た（一・17―21）。しかしその神はイスラエルに関係する神として働いてはいない。ただ善意の聞き手にとって、これは主が出来事の背後にいる偉大な監督であることの宣言である。確かに長い歴史の流れを考えてもそうである（創五〇・20参照）。イスラエルの人口激増（一・7）は子孫の増加の約束通りの実現として理解できるし、女たちの登場もパロの計画ではあるが――パロも最後的にはまったく主の道具である――善意の聞き手にとっては、自分の土地を与えると言った約束実現の準備である。

主は人間を用いつつ歴史を導く。しかし、そこから神と人との協力によって、約束が実現成就すると筆者が考えていると結論づけることはできない。神中心主義は一―一五章で顕著である。「神にのみ栄光あれ」（ソリデオグロリア）の旗の下でこの書は記述されている。イスラエルの解放は決して人間業ではない。モーセが解放者になるように呼び出される時、彼は、「自分にはできない」と告白し、任命を拒む（三―四章）。最後には受入れるとしても決して喜び感謝してというわけではない。有難いことにこの神の介入のお蔭でモーセはこの仕事に着手し、解放の事業が始まった。それでも彼はかろうじて始めたのであり、読者は、繰り返し主の助けが必要であることを知る。そうでなければたちまち眠り込んでしまうモーセを見るであろう（五・22―七・13）。パロとエジプトが受けた打撃は（七・14―一一・10）主の手によるものであった。特に解放の開始を告げる第一〇の災はそうである（一二・29―42）。モーセとアロンはその打撃の際に背に退く。イスラエルについて言えば、それに対して何の貢献もない。パロと最初に出会った後、モーセは自分の民に何も期待することはできなかった（五・21、六・9、参照四・31）。脱出の直後、パロ勢が近づいて来ると、民はたちまちパロの側につこうとする（一四・11、12）。

パロとエジプト人は主の事業に最後までいかなる貢献もしない。イスラエルの脱出に同意したのは強制されたからか（一二・31以下）。そうではない。彼らは自らの決心を捨てたのであった。主によってすべての力が奪われた（一四・5以下）。しかしパロは自ら積極的にイスラエルの立場に身を置く具体的な好機を見出すことができたのか。確かにパロと家臣たちが滅びる前に「主はエジプトの王パロを無慈悲なものにしたので、彼がイスラエル人を追い駆けた。イスラエル人が勝利者のようにエジプトを去ったからであった」（一四・8）と書いてある。しかしこれは読者の知るパロの最初の心変わりではない。すでに何回も同じことを見て来た（九・12、10・20、27、一一・10、一四・4、8。参照七・7、一〇・1、一四・17も見よ）。その度毎に質問した。主が自らパロの心を頑なにした時、パロに責任があったのか、と。彼は自分の意志で行動したのではないから、自分が組み込まれた事件のゆえに罰せられることは間違っているのではないか。パロは主の手の中にある一個のボール以上の何ものでもないし、悪人というよりはむしろ悲劇の主人公ではないか。同様の問いが心の硬化の目的の背景からますます出され得る。一連の災いが起こったのはパロの心の硬化の結果であるが、それは単にパロに圧力をかけて、エジプト人に主の優越を得心させるためだけではない（七・5、17、八・6、九・14、16、29、一〇・1、一一・9、一四・4、17以下）。むしろイスラエルも（一〇・2）、主がこの大いなる業をなしうる事実をはっきり確信させられるためであった。

いかなる唯一神信仰でもまず第一に悪の根源についての問いと戦わなければならない。人は誰でも唯一の神の認識と真剣に取組みたい。従って二元論の危険から逃れたいと願っている。だから何らかの形で悪と神との関連をどうにかして明らかにしようと強いられる。旧約聖書においては実にしばしば、神と悪との間にある直接的関連が取上げられている（士九・23、Ⅰサム一六・14、一八・10、一九・9、Ⅱサム一七・14、二四・1、Ⅰ列二二・15、エゼ一四・9以下、詩四二・10、四三・2、八八・7以下）。光と命の神である主は死と闇をも支配する（参照イザ四五・7）。出エジプト記の中で主がパロの心を硬化させたと語る時の意図は、主が歴史の推移を把握している事実を明らかにすることである。そこではパロは主に逆らうことができるように見える。目に見える現実の背後にある現実では、パロが本当の共演者ではなく、主だけがパロに対して全権を所有している。要するに、主が主権的に出来事を導く。人間が神の邪魔をする時も、神は間違いなく進む。主はすべてを予知していたし、人間の強情に対しても主の戦略の中の一つの場所を用意していたのである（参照三・19）。

第二の注意すべきことがある。旧約聖書の中には、悪が神と関係がないという主張は、人間の責任はないという考えや宿命的人生観と共に、ありえないという点である。旧約聖書の沢山の教えから、人間の出会う運命は人間を問いの前に立たせることがはっきりする。確かに不正の（連帯）責任がわからないままである時、預言者たちの抗議の声が響き、人間の責任が強調される（エゼ一八章）。罪責が明らかにならず、謝罪がないままであることはありえない。出エジプト記の理解に目を向けると、パロもまた頑として聞き入れない一人の王として引出されている。些細なことではない（七・13、22、八・15、九・35、参照八・11、28、九・7、34、一三・15）。見抜けず、だまされ、愚かな道に進む者たちも同様に罪責がある。出エジプト記の中には私たちの目には矛盾する表現も、うまく調整されないまま並んでいる。主がパロの頑なさの原因でありパロは自身が聞き入れる意志を持たない時、読者は主の絶対主権とパロの責任とを知らなければならない。

明らかに主はパロとエジプト人に対する自らの最高権威を納得させる。パロの運命とイスラエルの運命（参照一〇・2）が語られ、書かれている。更にその先を聞きたいと思い、主を呼んで逆らうことなく、主人に信頼して従いたいと思う者の運命もまた語られ、書かれている。主は「イスラエル」

を「パロ」に仕える重労働から解放する。歴史の舞台に常に新しい形で登場する巨大な敵から、「乳と蜜の流れる国」に導き出すお方に仕えるために。

Ⅶ　記述の特徴

小文字の説明は物語の中の目立たない所を取扱う。エジプト王が二人の助産婦に直接交渉している（一・15以下）、パロの娘がナイル川で水浴びをする（二・5）、パロ自身もそうするが、時にモーセがパロと会って会話することができる（七・15）等。イスラエルの王たちについてもいろいろな物語の中で同様の些事に出会う。下位の者が直接王たちに面接できる（例Ⅱサム一四章、Ⅰ列三・16以下、Ⅱ列八・1以下）。それは物語の目印になるほど自明なことである。しかし目撃者の証言と見ることはできない。確かにあるエジプト的特徴は物語の中に現われている。例えば、ナイル川によって重要な場面が浮かび上がる。しかしそこでも実際にはパレスチナに住む人々に目を向けて書かれていることは間違いない。違う様子を想像できるのである。「ことが起こる」ためには筆者は読者の感覚と想像の世界に入って始めなければならない。エジプト人を襲う災は一つひとつ、パレスチナに住むイスラエル人にとっては具体的に嫌悪と恐怖の感情を呼び起こすような不幸として理解されなければならない。

筆者は物語を活き活きさせるためには対話形式を繰り返し用いる。だから読者は実際に物語の人物たちと面と向かって知り合う状況に置かれる。筆者はいろいろな方法で、例えば四・24―26のように夜の出来事を描くことによって、あるいは一方はモーセとその「魔術師」アロン、他方はパロの魔術師という対決描写によって「緊張させる」（七・11以下、22、八・3、14以下、九・11）。緊張が続く理由は解放が遅れるからである。解放は前後一五章の長さにわたる。解放の事業は、それと同時に先祖に与えられた約束の実現でもあるが、それは特にパロの鈍感な拒絶によって予定より早く実現したように見える。最後には、ただただ主に感謝せよ、主が成果をあげられた。

Ⅷ　旧約聖書と新約聖書における出エジプト記

一―一五章に語られた出来事の多くは、旧約聖書の中ではいろいろな所で繰り返し語られる。例えばネへ九章、エゼ二〇章、詩七八篇、一〇五篇、一〇六篇を見よ。特にエジプトからの脱出は何度も記憶される（レビ一九・36、二二・33、民二三・22、二四・8、申五・6、15、ヨシ二四・17、士二・1、六・8以下、Ⅱサム七・6、23以下、Ⅰ列六・1、八・16、イザ一一・6、エレ二・6、七・22、25、ホセ二・17、九・1、一一・1、一二・9、一三・4、5、アモ二・10、三・1、九・7、ミカ六・4、九・15等）。新約聖書の中でも出エジプトの出来事は語られている。例えば使七章、一三・16以下、Ⅰコリ一〇章、ヘブ一一・23以下を見よ。それぞれの思いから旧約と新約の著者たちはイスラエルの過去の伝承を自由に用いたり、説教したりしている。伝承との自由な交渉は歴史のリアリズムに立っているから可能なのである。

IX 文献

一九七〇年以前に出版された出エジプト記の学問的注解書を挙げよう。B. S. Childs, C. Houtmann, W. H. Schmidt たちのものである。

B. S. Childs, *Exodus. A Commentary*（The Old Testament Library）, London 1974.

C. Houtman, *Exodus. Vertaald en verklarrd.* Deel I : Exodus 1 : 1-7 : 13（Commentaar op het Oude Testamen）, Kampen 1986.

J. P. Hyatt, Commentary on Exodus（New Century Bible）, London 1971.

F. Michaeli, Le Livre de l'Exode（Commentaire de l'Ancien Testament）, Neuchâtel/Paris 1974.

W. H. Schmidt, Exodus（Biblischer Kommentar）, Neukirchen-Vluyn 1974vv.（tot dusver is de uitleg van 1 : 1-4 : 31 gepubliceerd）.

族長たちに与えられた約束の成就に対するパロの反抗

一章1―22節

序言

一章

1 ここにエジプトに行ったイスラエルの子らの名前を列挙する。彼らはヤコブと共にそれぞれ自分の家族と共に
2 ルベン、シメオン、レビそしてユダ
3 イッサカル、ゼブルンそしてベニヤミン
4 ダン、ナフタリ、ガド、アセル
5 ヤコブの体から出た者たちであり、その数は全部で七〇人。その時ヨセフはすでにエジプトにいた。
6 ヨセフも彼の兄弟たちも死んで、その世代はすべて死んだ。

7イスラエルの人々は数を増して大勢になった。彼らは増え、ますます多勢となり、ついにその国は彼らの種族で溢れた。

出エジプト記を読み始める者は、創世記の終りに書かれている所に先ず連れ戻される。短い言葉で筆者はヤコブとその家族、つまりイスラエルの族長たちが、すでにヨセフが住んでいたエジプトに来たことを思い出させる（一・1―5、創三七章以下参照）。ヨセフの死を告げてから（創五〇・22以下参照）、筆者は読者がまだ知らないことを短く語る。カナンからエジプトに来た先祖は皆世を去ったと（一・6）。彼らの子孫の運命について彼はただ一つのことを語る。非常に印象深いことに、五つの動詞で書き記す。イスラエル人の間で人口の爆発的増加が起こり、エジプト人の間にイスラエル人恐怖が広まったという（一・7）。

一・1―7を序言導入にする筆者の意図がある。彼は短い言葉で一・8から始まるイスラエルの運命の物語を十分に理解できると考える。一・1―7は創世記と出エジプト記の連結部であり、その数節によって読者をヤコブとその子孫の物語とイスラエル全体の物語に案内する。創世記の中で重要な位置を占めるヤコブの子供たちの名前は出エジプト記の冒頭では簡単に列挙されているが、その後はまったくあるいは実質的に消えてしまうほど出てこない。出エジプト記の主題は常にイスラエルの全体なのである。創世記の家族物語の中に根をおろしているイスラエルの部族区分もまた出エジプト記では例外的に現われるだけである。民数記では殆ど出てこない。要するにこの連結部を用いて筆者は、一つの家族物語から民族物語に進む小さい一歩を読者に歩ませる。こうして読者はイスラエル人の間でヨセフが確かに忘れられたのではなく（一三・19）、イスラエルの歴史にとってはエジプト時代のような重要な役割を果たさず、イスラエル対エジプトの対決構図において過去の人であると聞いて驚くかもしれない（一・8以下）。

物語の進展との関連（一・6—7）で言えば、導入部の簡潔さは特に目立っている。僅かな言葉で筆者は一つの時期を語る。出エジプト記の年代（一二・40以下参照）を含むかなり長い時代のことである。ヨセフと彼の世代の死後、エジプトに置けるイスラエル人の生活は平穏に推移し、特に注目すべき出来事は起こらなかった。ただ例外はイスラエル人の驚異的人口増加である。これは大変重要であって、後に詳しく語られる。

読者は創世記一二章でイスラエルの族長物語を読み、その後、神が繰り返して語ったあの約束、つまりイスラエルを大きな国民とし、自分たちの国カナンの地を与えるとの約束を何度も聞いて来た（創一二・2、一三・14以下、一五・5、16、一七・6以下、一八・18、二二・17、二六・4、二八・13以下、三五・11以下、四六・3以下、五〇・24）。読者はそれを出エジプト記の冒頭でも読んで、その約束をまた思い出す。一・1にイスラエルの子らはエジプトに来た、と強調されている（「来た」は二度）。だからイスラエルとその地との間には、エジプト人とその地との間にあるような自然的関係はない、とはっきり言う。イスラエルは外からそこに来たのである。外国人である。イスラエル人がエジプトに定着し、その人々と混血して行くことは読者には考えられないことである、強く印象づけられる。族長たちに対する約束に注目すれば、エジプトは単なる通過点であり、仮りの宿である（創一五・13以下、四六・2以下、五〇・23参照）。イスラエル人は約束の地カナンに「来」なければならない。しかしいかにしてそれは現実となるのか。読者は、ヨセフと彼の世代の人々がカナンについて知っていたのに死んだ（一・6）と聞く時、この問いが浮かび上がって来る。新しい世代の登場は新しい時代の民の存在である（十二・8、10参照）。外国人は滞在する土地の人々に徐々に同化して行く。同じことがイスラエル人に起こるのであろうか。話が進むにつれて、読者は神が歴史の中で働くことに気がつく。エジプトで神が族長たちに与えた民の増大の約束を実現する。イスラエルは今や大きな民であり、成長している（一・7）。しかし、カナンの地が族長たちの子孫の所有となると言われた約束はどのようにして実現するのであろうか。神はすぐにも約束を成就されるのであろうか。その問いが序言の終りに出ているということを読者は知るであろう。一・8で筆者がこの問いに答え始める。一・7によって神が土地に関するあの約束をすぐにも実現してくださるとの答を聞けるかの印象を読者は抱くかもしれない。約束の成就は水泡に帰するのか。このような不安な問いを引き起こす恐れとおののきを静めてくれるような歴史の夜明け告げる展開があるのだろうか。

約束の成就に対するパロの反抗

一章

8
その後エジプトでは別の王が権力を握った。彼はヨセフについて何も知らなかった。
9
王は布告した。「イスラエルの民がわれわれよりも多くなり、強いことを私は確かめた。
10
だからわれわれはよく頭をつかい、彼らがいよいよ数を増すことに警戒しよう。われわれが災害に遭う時、彼らはわれわれの敵の力強い味方となり、われわれと戦い、この国から逃げ出すことがないようにしよう」。
11
そしてエジプト人は彼らの上に奴隷監視官を任命し、その下での苛酷な労働を強制した。このようにしてピトムとラメセスの食糧貯蔵の町がパロのために建設された。
12
彼らを抑圧すればするほど、彼らは更に数を増し、恐ろしく強くなった。エジプト人はイスラエル人に恐怖を覚えた。
13
だからエジプト人は彼らに絶え間ない強制労働を課して虐待した。
14
粘土煉瓦製造の苛酷な強制労働と国中のあらゆる重労働によって彼らの生活を窮乏に追い込んだ。
15
更にエジプト王はヘブライ女のための産婆に命令した。一人の名はシフラ、もう一人の名はプアであった。

16「お前たちがヘブライ女の出産を助け、その胎に目を注ぎ、そこから男児が出たら殺せ。女児が出たら生かしておけ」。

17しかし産婆たちは神を恐れ、エジプト王が命令したようにはせず、男児たちを生かした。

18そこで王は産婆たちを呼んで尋問した。「お前たちはなぜ男児たちを生かしたのか、答えよ」。

19すると産婆たちはパロに答えた。「ヘブライ女はエジプト女と違います。動物そのものです。産婆が行く前にお産します」。

20神は産婆たちを守り、この民はいよいよ数を増して大勢になった。

21産婆たちが神を恐れたので、神は彼女らを部族の大祖母とした。

22パロは自分の民のすべてに命じた。「生まれた男児は皆川に投げ込め。女児は皆生かしておけ」。

一・19に「動物そのものです」と訳したが、ヘブライ語の単語の特徴を少しではあるが表わそうとした。出エジプト記に出てくる「川」(流れ)(一・22、二・3、5等)はナイル川のことである。

一・8から物語は詳しくなる。読者はエジプトの歴史に近づく。それは物語の主題である族長たちへの約束実現にとって非常に重要である。筆者はエジプトに新しい王が現われて権力を握り、エジプトのために盡したヨセフの貢献を評価しない政策をすすめた、と語る。王権が変わり、世代が新しくなると、それまでの関係が変わり、新しい政治が始まることはよくある（二・23、四・19も見よ。Ⅰ列一二章、十二・8a、10参照）。一・8に書かれている政権交代でもそれは起こった。エジプト人とイスラエル人との関係が変わり始めた。エジプトの王がヨセフの功績を無視するようになると、何が起こるのか。筆者は小さな事件を具体的に記して、イスラエル人がどうなったか、エジプト王の煽動家振りを見せている（一・9―10）。王がヨセフの偉大な業績を無視すると、エジプト人はイスラエル人に同情を寄せず厄介者扱いし始める。両者の間に何の関係もないのである。そうするとイスラエル人の人口急増に目を向けたエジプト人は彼らの存在に絶えず圧迫を加えるようになり、イスラエル人の苦痛は増す。パロは目下の状況の深刻さを見て、人びとが直面する危険を告げる（一・9）。しかしパロは状況の分析に不満を抱き、家臣たちに必要な政策を提案し、完全に受入れさせた。イスラエル人の人口激増に関する提案は、彼らを圧迫し、減少絶滅させることを目指していた。そうしなければイスラエル人はエジプトの敵と通じてこの国を滅ぼすに至るであろう（一・10）。パロによるこの提案は最初奇妙な衝撃を与えた。パロはエジプト人の特色が失われることを恐れ、イスラエル人に圧倒される不安から、パロの権力が奪われ、イスラエル人に屈服されないように対策を命じたのだと家臣たちは考えた。パロが脅威を感じた異国の人間は、プラスではなくマイナスであると家臣たちは想像したのに、むしろパロの提案はイスラエル人を利用するために確保せよと言っているように見えた。パロの意図は経済的文化的観点からのものではなく、イスラエル人が持っている父祖以来の約束の成就に反対することである。パロはイスラエルの約束実現を阻止するために、彼らが大いなる民となるとの約束の面前に立ちはだかって「止まれ！」と叫ぶのである。筆者はこのテーマに固執する。彼にとってパロは、主がイスラエルに与えた計画の大阻害者なのである。出エジプト記の筆者は始めから終りまでパロにこの役を演じさせるのである。

約束の実現に反対するパロを描写する時、筆者は意図的に展開する。エジプト王は神に逆らう者であり、イスラエルがエジプトより数の上で大きな国民になっていく事実を認めざるをえないのである。そして、イスラエルが祝福された民であり、大きな国民になるとの約束が実現していく事実をパロは承認する（一・9）。パロはエジプト国民に向かって頭を冷やせと言う。国民に対して冷静に行動せよと命じる。イスラエル人を白昼殺害するよう扇動することはしない。イスラエルに対してたてられた対策から明らかなように、彼には慎重な手立てがある（一・11―12）。苛酷な労働の導入によってイスラエルの人口増加を押さえに押さえるのである。イスラエル人は自由を奪われた。彼らは奴隷にされ、重労働を強いられた。正常な人間として生き成長する可能性はなくなった。その望みは断たれた。しかし計画は成功しない。逆のことが起こった。イスラエル人は、抑圧に屈せず数を増す（創四一・53参照）。成長は止まらない。重圧が加えられれば加えられる程、人口は増加した。悪の強化は逆効果であった。あたかも手に負えぬ害虫の総攻撃のようである。一層数を増すイスラエル人はエジプト人を恐れさせ、嫌悪感を募らせた（一・12）。ここには人口増加以上の何ごとかが起こっているように思われる。重圧に抗する驚異の増加は、そこに何か大きな力が働いているのではないかと感じさせるものがある。この異常な展開は読者に勇気を与える。明らかにパロはあの約束成就を阻止することができない。物語の中でエジプト人たちは政策の失敗によって冷静さを保つことができなくなる。彼らの神経は苛立ち、行動は神経質になった。彼らは成功しなかった政策を一層強化して目的を果たそうとした。彼らが貯蔵の町の建設に加えて別の作業を強制し、抑圧は野獣化して罪を重ねた。イスラエル人は死に至る労働か死ぬまで鞭打たれるか、二つに一つの選択を迫られた（一・13―14）。要するに恐怖から死に追い込む最後手段に出たのである。しかしパロ自身は始めは冷静さを保っているように見える。その間にひそかに策を練り、極端なやり方で失敗をとにかく挽回しようとした。強制労働の強化はイスラエル人の生命力を押さえ、人口増加を中止することができなかったので、パロは二人のエジプト人産婆に、ヘブライ人の女が男の子を生んだ時には、産ぶ声をあげる前にすぐに殺すように命じた（一・15―16）。驚きが読者の心を襲う。しかし効果があがるように思われたこの計画も見事に失敗した。産婆たちに王は命令を行なわせられないのである。王とは違って彼女たちは善悪の感覚を持っていた。道理にかなう道に反してはならないことをわきまえていた。新生児たちを生かしたのであった（一・17）。

パロはこの方法も功を奏さないことを知って、産婆たちの責任を追及した。またもや（一・9―10参照）筆者はパロに主役を割り振る。しかし民に演説する者ではなく、二人の産婆に密命を与え、しかもその謀略がなぜ失敗したかを知る男の役である（一・18―19）。読者は二人の産婆に同情しつつ、近づく場面を予想し、産婆たちの苦難を覚悟する。しかし何が起こるのか。産婆たちは見事にこの困難な状況を切り抜ける。イスラエルの妊婦は産婆を必要としない。動物と同じだと言い、パロに自分たちはイスラエル人を憎むすべてエジプト人と同じであると思わせた（一・12参照）。彼女たちの巧妙な言い方によって彼女たちがイスラエルの味方ではないかとのいかなる疑念もパロに抱かせることはなかった。こうして産婆たちはいかなる妨げも受けずに仕事を続け、イスラエル人の赤子を生かすことができた。イスラエル人の人口は増え続けた（一・20）。読者は産婆たちの不思議な行動の中に神の手を感じる（一・20ａ）。彼女たちの善悪の判断は神によしとされ、子孫は繁栄し、イスラエル人の母にまでなる（一・21）。

筆者はパロと産婆たちとのやりとりの場面に読者を立ち会わせ、同時に残忍な暴君、主に対する阻害者パロを別な視点から見ることができるようにする。つまりパロは二人の産婆にだまされてしまうほどお人好しなのである。産婆の説明はありえない作り話であるし、それがイスラエル人に対する恐怖心を増大させることになった。どれほどパロが恐ろしい人物であっても、彼のことでは笑ってしまう。女たちの方が上を行く。

パロの計画は失敗し、それ相応に物語られた（一・20ｂ）。けれども今こそ頑固な君主としての評価を固めることになった（七―一五章参照）。彼は断固として自分の立場を押し通す。あの民の人口増加をくじく決意に固執する。最初はひそかにこの悪巧みに産婆たちが協力すると計算した。自分の計画は本来表沙汰にできないものであるとパロが思っていたように見える。しかし今や彼は計画を明らかにする。再び自分の国民に向かって語る（一・9参照）。国民の協力をもって計画を達成しようとする（一・11―14参照）。国民はパロの政策に喜んで協力しようとした（一・11―14参照）。イスラエル人に重労働を命じる（一・12b参照）よりもっと苛酷な苦しみを与えることに国民は賛成するとパロは考えた。パロはイスラエルの新生の男児をナイル川に投げ込んで殺すよう躊躇せず命令した（一・22）。パロの本心は見えた。多勢のイスラエル人殺害計画を実現するためにパロはいかなる手段をも取ろうとした。彼の行動はすでに一層野獣化し恐ろしいものになった。ここまでパロの行動を見て来た読者はこれからどうなるのか不安に襲われる。このパロを前にしてあの約束の実現はどうなるのであろうかと。確かにこれまでは人口増加を止めることはできなかった。しかし最後までパロは成功しないのだろうか。たとえイスラエル人男児の皆殺しが成功しないとしても、エジプトにおける彼らの最悪の状況からどうやって救われるのだろうか。約束の国に向かって脱出できるのだろうか。パロはあの民をエジプトから出さないために、ありとあらゆることを絶対実行するであろう（一・10）。状況は絶望的である。「であろう」は強調される。出エジプト記一章はイスラエルに対する神の行動についてははっきり記述されてはいないが、一・17、20以下に神が取り上げられ、一・21に神の行動について語られている。話は産婆に限られているが、先を見れば第一章のイスラエルの歴史は神が導く歴史であると記述されている（一・7、12で見た）。パロの行動の中に決定的な神の行動がある。パロはイスラエルの救い主到来の条件を用意する。イスラエル人がエジプトに留まるよりも出て行く方がもっともよいとパロ自身思うようにしむける条件を、パロが作っていると言えるだろう。ヨセフのことは何も考えたくなかったパロが確信しなければ、イスラエル人の約束の国への出発はなかったであろう。人口が多いためにイスラエル人はエジプトでうまくやっていたし（一六・3、民一一・5

参照)、彼ら自身の持ち前も保ち得たであろう。しかしこんな事情のもとでは彼らはこの結構な生活を放棄し、その地を離れざるを得ないであろう。とにかくパロの命令は将来の解放者モーセをパロの宮廷に行かせ、モーセがイスラエルの指導者になる原因を作った。要するに一・8以下においてパロが一層苛酷な政策を次々に打ち出したにも拘らず、約束の実現を邪魔できなかった事情が次々と語られている(一・15以下)。パロは自分の意志に反して約束成就を手伝ったのである。パロが心に抱いた悪を善に変えたのは神である(創五〇・20参照)。何といっても一・15以下がイスラエル解放者の誕生物語を準備したことは明らかであろう。パロは主に対する重大な阻害者であり、同時に最後には約束の成就に貢献する主の器でもある(創四五・7、五〇・20参照)。

最後に、結果から言っても(二・1以下、16以下、四・22以下を見よ)、出エジプト記一章の様々な出来事において女性たちが約束成就のために重要な役割を果たしていることは明らかである。

イスラエルの解放者の誕生　二章1―10節

二章
1それにもかかわらずレビ族出身の男が同じレビ族の女を妻に迎えた。
2女はみごもり男の子を世に生み出した。彼女はその子が非常に美しいのを見て三ヶ月間隠して置
いた。
3息子をもはや隠し続けることができなくなったので、彼のために籠を編み、ピッチとタールを塗
り、その子をそこに入れ、川のほとりの葦の間に置いた。
4この子の姉は弟がどうなるのか見ようと離れた所に立っていた。
5その時パロの娘が川で水浴びをしにやって来た。王女の女官たちが大川に沿ってあちこち歩いて
いると、葦の間にあの籠を見つけた。王女が取って来るように女官たちに命じた。
6王女が籠を開けるとそこに男の子を見つけて抱き上げた。彼が泣き出したからであった。同情を
覚えつつ「ヘブライ人の子だわ」と言った。
7するとその子の姉がパロの王女に「その子に乳を与えるヘブライ人の乳母を見つけて連れて来まし

ょうか」と尋ねた。
8 パロの王女は「そうしなさい」と答えると姉は行って母親を連れて来た。
9 するとパロの王女は彼女に「この子を連れて行き乳を呑ませなさい、私のために。私は必ず代金を払います」と言い、母親はその子を受け取り、連れて行き乳を与えた。
10 子供は成長し、母親はパロの王女の下に連れて来た。王女はその子を自分の息子と認め、モーセと名付けた（それは引き出された者の意）。「私が彼を水の中から助け出したのだから」と王女は言った。

二・1の「レビ族の男とレビ族の女」については出六・16、18、20を見よ。二・2に母は男の子を三ヶ月間隠したとあるが、古代の偉人と同様モーセもいわゆる七月の子であることを暗示している。その子は六ヶ月で全生涯の光を見るのである。またちょうど三ヶ月に災難に遭うという考えもあった。ちょうどその時の誕生が期待された。古代人の考えでは赤子は同民族の母親から授乳されることが重要であった。そのようにして異質な要素が排除されると思われたのであろう。結局二・7、9には将来のイスラエル解放者は自分の血が純潔であって真のイスラエル人であることが暗示されている。

一章を読み終えた後、二・1—10を知ることになる人がうける印象はこうである。筆者は全体としてのイスラエルの関心事を一箇のイスラエル人家族のそれに引きよせる。このため詳細な知識を用いて、そのイスラエル人家族が大工夫をしてパロの布令のわなをのがれようとするさまを見せてくれる。民族の窮状とその精神的適応力を読者の目に描いて見せてくれる。しかしこのペリコーペの終るところで明らかにされることは、二・1—10は、イスラエル人女性たちの子供を愛し命を救おうとする知恵の物語であるということではないということである。パロの娘がモーセの名（「引き出された者」）を口にする時、この物語は単なる幸運児の話ではないと考えざるを得ない。確かにこのヘブライ人の赤ん坊は母と姉との献身的な機転のお蔭で助かった。この子は幸運にも恵まれて生きることができたし、王子の人生すら与えられた。それでも読者はこう思うであろう。パロの命令もあってこの子は宮廷で暮らし、イスラエル人の指導者にもなり、訓練を受け、彼らをエジプトから連れ出す者となることができた。要するにその名はパロの娘の口から出てはいるが、そこには約束の響きがある。二・1—10の主題はその子の誕生と救出ではあるが、実は奴隷の民の救済の期待と土地贈与の保証であると読者は感じるであろう。この部分はその終りの光で読むべきである。女性たちの行動は将来のイスラエル解放者の命を救い、やがて彼が成長してその使命を果たせるようにしたのである。

筆者は出来事が川で、つまり禍いの場所で起こったと強調する（一・22）。パロの命令があっても、レビ族の一人の若者が勇気をもって同じレビ族の娘（二・1）と結婚したと語る。その後この男については何も言わない。妻が行動の主役になる。事件は静かに家の中で始まる。読者はそっと見せて貰う。よく見よ。緊張は高まる。読者は男の子の誕生の証人になる。パロの命令は読者の耳に響いている。恐ろしい光景、つまり母自らその子を殺す悲劇に立ち会うのか、とあなたは自問するだろう。幸いにもその恐れは現実とはならない。そこの子は実に可愛い。母親は勇気をもってその子を隠した。三ヶ月の間は何とかその子の命を守ることができた（二・2）。新たに危険の瞬間が迫る。その子をこれ以上隠して置くことはできない。母親はその子を家の密室から連れ出さなければならない。またもや読者は緊迫感に襲われる。王の命令通り、男の子は殺されるのか。読者はそこに立ちつくして母親の行動を見守る。母はパロの命令に従っているように見える。しかし文字通りにではない。母がその子を川に投げえたのではない。パピルス籠に入れて川辺の葦の間に置いた（二・3）。そう物語ることによって筆者は移り変わる舞台に登場する主役と端役の演じる出来事を読者に見せる（二・3―9）。

籠が葦の間に置かれると母親は退場する。この男の子の姉が残っているが、舞台の中央には出ない（二・4）。中央には男の子が入った籠がある。弟はどうなるのかと姉はじっと籠を見ている。突然の動き。こともあろうにパロの娘、あの命令を下した最高位権力者の娘がお付の女官たちを従えて登場する。読者はドキドキしながら美しくのどかな王女の水浴びを見ることになる。離れた所に目をそらして女官たちは立っている。パロの娘が籠に気付くままに（二・5）女官の一人に取って来させる。一部始終を姉と一緒に読者が見ているなどとは予想もできないことであろう。どうしてこの光景が消える筈があろうか。筆者は王女の顔に当惑の表情があったとは言わない。それは読者にはどうでもよい。彼は籠の中に誰がいるかを知っている。籠を見つけた王女がその中にいる子を見た時、どんな反応を示すのか、特別な関心はそこにある。読者は、パロの娘なら父の命令を直ちに実行すると想像するであろう。まったく恐ろしい瞬間である。読者は息を呑み、そして安堵する。パロの娘が予想に反した行動を見せたからである。王女は二つに裂かれる心境であったことが見てとれる。彼女は哀れに思った。それは生かして置けないヘブライ人の男の子である（二・6）。まさにその時、その子の姉が中央に進み出た。姉はパロの娘がその子を生かして置こうと心に決め、自分の子供とし、更に乳を与えてくれる乳母を探していると読みとった。姉はパロの娘の前に善を並べてバランスを取った。こうしてヘブライ人の乳母をつれて来ようと提案し、王女は受け入れた（二・7、8）。こうして読者はその子の母親が舞台に登場するのを見る。母親はその子の世話をするように言われ、その上養育費まで支給されることになる。そしてそのようになった（二・9）。男の子は生かされた。パロの娘が彼を養子にしたからである。しかも彼が真のイスラエル人、レビ族の人であり続けたのは、自分の母親が養ったからである。この部分の最後で（二・20）、真にイスラエル人である男の子がパロの王女の里子であり、それにも拘らず「私がこの子を水から引き上げた」と言って命名し、約束に満ちたモーセという名を彼に与えた。王の娘が父の命令に背いたことは明白である。父の命に背いた事実を沢山の言葉によらず、この名によって告げている。

また女性たちである（一・15以下参照）。パロの命令の実現を阻止し、その計画を挫折させることを知っていたのは、これまた女性たちである。パロを尻に敷いたのである。こうして二度目ではあるが、パロの気弱さと愚鈍さは白日の下にさらされた。それは誰もが納得するであろう。筆者は神の名を出してはいない（一・8—22参照）。しかし彼の考えによれば、出来事の経過と約束に満ちた終りは、事実神の手が働いていることを疑いもなく明らかにしているのである。

最後だが、イスラエルの将来の解放者誕生の物語を読んだ者には様々な問いが残るであろう。パロの娘は父親に向かって自分の行動をどのように説明できたのだろうか。母親が自分の子を養育するに当って何の邪魔も入らないようにどんな保証があったのだろうか。パロの命令が執行された時、実際何が起こっていたのであろうか。筆者はこういう質問に答えない。彼の関心はあの一人の男の子に向けられる。読者はパロの命令を何度も聞いている。命令が実行されなかったことはわかる。方法とにかく人口増加は食い止められなかった。土地を与える約束はどうなったのか。その問いも残る。あの民は約束の地を所有するのだろうか。実際、筆者はすでに出エジプト記二章においてこのテーマと取り組んでいる。イスラエルの解放者がどのようにして生まれ、あらゆる点で自分の民の指導者として進むために、また遂にあの民をエジプトから導き出そうとパロと対決するために、必要な準備がどのようにしてなされたのか、筆者は語るのである。

解放者は同胞によって拒否される　二章11―22節

二章

11
ある時――モーセはその間に成長していたのであるが――同胞の所に行き、彼らが反抗せざるを得ない重労働を見た。一人のエジプト人がモーセの同胞の一人であるヘブライ人を打ち叩いている場面を見た。
12
その時、左右を見廻し、ほかに誰にもいないのを確かめ、そのエジプト人を打ち殺して砂の中に隠した。
13
翌日また出掛けて行くと、二人のヘブライ人がなぐり合いになっているのを見た。「どうしてお前は仲間を叩くのか」とけしかける男に言った。
14
「誰がお前を俺たちの監督や裁判官にしたのか。俺たちを殺す気か。あのエジプト人を殺したように」と男は答えた。モーセは恐ろしくなった。あの事件が皆に知られてしまったのかと思ったからである。
15
パロもあの事件を耳にし、モーセを死罪にしようと試みた。そこでモーセはパロの前から逃げてミデアンの地にたどり着き、井戸のそばに坐った。
16 そこに若い女たちが来た。ミデアンの祭司の娘七人であった。彼女たちは水を汲み、桶に満たし、
父親の羊に飲ませようとした。
17 そこへ羊飼たちもやって来た。彼らは娘たちを追い払おうとした。モーセは身を起こし、娘たち
を守り、羊に水をやった。
18 娘たちが父リウエルの所に来ると、父は「どうして今日こんなに早く帰って来たのか」と尋ねた。
19 彼女たちは「あるエジプト人が乱暴な羊飼たちから私たちを守ってくれて、代わりに水を汲んで
羊に飲ませたの」と答えた。
20 「その人はどこにいるのか。どうしてその人をそこに置いて来たのか。呼んで来てご馳走しよう」
と父は娘たちに言った。
21 モーセは招待を受け入れ、祭司の家に来て一緒に暮らした。父は娘チッポラをモーセに与え結婚
させた。
22 彼女は男の子を生み、モーセはゲルショムと名付けた。「よそで客となったから」と言った。

二・10がまだ耳に残っている時、読者は二・11を読み始める。彼は自分の民の指導者の役目を果たすよう準備されて、本当に民をエジプトから救い出すのであろうか。すべての兆候は希望に満ちた将来を示しているように思われる。エジプト人の環境で育てられたモーセの心は、どこまでも純粋なへ

ブライ人として同胞と共に生きようとする。その上、同胞との出会いが、モーセの人生に転機をもたらす。彼はエジプト人と対立して自分の同胞に味方する道を選ぶ（二・11、12）。筆者は、後にイスラエルの解放者になり、同胞の苦しみに特別に連帯するモーセの若い時代のことには簡潔に触れるが（二・1—10）、今は同胞全体の苛酷な状況に注目して光をあてる（諸論I参照）。二・11では。一・13、14に立ち戻り、イスラエルの哀れな姿を具体的に描き出す。それを背景にイスラエルとモーセはからみ合って行動する。

まず同胞の惨めな二つの場面が現われる。いずれもモーセと同胞に後々に及ぶ重大な影響を与える。第一の場面では（二・11、12）すでに成人しているモーセが、重労働に喘ぐ同胞を目撃する。更に一人のエジプト人が一人のイスラエル人を無慈悲に取扱っていた。モーセはそのエジプト人を打って殺してしまう。同胞の一人が鞭打たれている姿はモーセにとって見るに耐えられるものではなかった。それは彼を暴力に駆り立てた。その暴力行為をエジプト人の暴力と比較することはできない。暴力はより大きな暴力を呼ぶ。二・11、12に打つという単語が繰り返されるが、それは暴力の連鎖を意味している。その中でイスラエルは生きねばならないし、二・13でも「打つ」と言われていることからわかるように、イスラエル自身もその影響を受けていたのである。あらゆることがエジプト人殺害というモーセの行動から暴力を誘発するかのように見える。しかしイスラエルの側からはいかなる反応もない。同胞の明白な反応はモーセを自分たちの指導者とは認めないというものであった（二・13、14）。筆者は強制労働を背景にしてもう一度この事件について語る。モーセは再び強制労働者たちの前に現われる。モーセの近くに二人のヘブライ人労働者がいて仕事中に喧嘩を始め、なぐり合っている。モーセはあわてて仕掛けた男に注意する（二・13）。エジプト人の暴力を受けている者たちが、お互いの間でも暴力を振るうことがモーセにはどうしても理解できなかった（使七・26参照）。モーセに言い返した男は、自分の行動は決して暴力ではないと言った。争いを始めたその男はモーセの問いに対して二つ問い返す（二・14）。まずヘブライ人の問題に口出しする資格があるのかと食ってかかった。この第一の問いによって彼はそれまでの喧嘩相手を自分の仲間に入れる。「俺たちの」と言って明らかに二人はモーセに対立して一致する（二対一になる言い方）。モーセに対して二人は組を作った。この男の言い方は徹底的な敵意を示している。第二の問いはこの敵意をむき出しにする。「殺す」という動詞まで使う。それも二度である。これまで物語の中では「打つ」という動詞が用いられて来た（二・11―13）。モーセがエジプト人を打ち殺したと言う場合にも用いられた（二・11）。ヘブライ人の第二の問いでもモーセが「打った」ことを殺したの意味で言っている。「お前が打ったことは俺が打ったことに比べて軽いなどと言えるものではない」と言いたいのである。彼の態度はモーセに対する糾弾である。強制労働下にある人々の狭い世界では善意の感覚が鈍り、血に飢え、誰かを殺したくなるのは当然である。このヘブライ人はモーセであれ誰であれ、機会さえあれば人殺しをしたがっている人間である。要するにモーセは同胞の中に敵だけを見つけ、聞く耳のある者を誰一人見つけ出すことはできなかった（使七・25、27以下、35参照）。

「誰がお前を俺たちの監督や裁判官にしたのか」との第一の問いに、モーセは何も答えない。モーセの行動は反射的であったのだ。主の指示に従ったというような正当な動機は何もなかった（四・1以下、一七・2以下参照）。この問いの前はモーセは気持の上ではまったく無防備であった。彼の足場は根こそぎ奪われ、恐怖におののいた。彼のやったことは皆に知られ、エジプトには安全な場所はどこにもなかった。同胞の敵意のゆえに誰にも頼れず、誰かにかくまって貰うこともできなかった。同胞はモーセの指導も援助も拒否した。二つの場面から、モーセがいわば元木から切り離されていることがよくわかる。彼は同胞と他民族の間であれ（二・11、12）、同胞の間であれ（二・13、14）、明らかに暴力によって苦しめられている者のために行動した。同胞の解放者として働くために生まれて来たこの男が、今や逃亡しなければならない。同胞の支持がないからである。支持など論外である。彼の行動は神の意志に添うものではないからだ、と言う人もいるかもしれない。しかし筆者は言う。救いは人間によるものではなく、神の事柄であると。そしてイスラエルとモーセの道が短い間、離れるが、やがて一つになる。両者はあとで再び出会うが（四・29以下）、それは先のことである。

二つの場面で（二・15―22）筆者は、モーセが同胞に拒否された後、彼の運命に光をあてる。第一は（二・15―17）パロもモーセの暴力沙汰の報告を受け、彼を殺そうとしたことから始まる。未来の指導者は逃げるほかはない。始めイスラエルがすみやかに救出されると期待した読者は（二・11、12参照）、不安になって問うであろう。「この民の解放と新しい土地の約束の成就はどうなるのだろうか」。今のところパロの企ては成功してはいない。強制労働の導入と一・22の命令執行にも拘らず、イスラエル人の大量虐殺も人口増加の約束取消もまだ実現していない。パロの命令によって、民の解放者となる予定の男の子はすでに成人している。結局パロが勝利するのだろうか。モーセはいなくなったので、民の脱出をやめさせ（一・10参照）、新しい土地の約束は無効になるのだろうか。読者はモーセの運命を不安に満ちて追うことになる。筆者は驚くようなことを語り始めて読者の不安を取除く。モーセは遠く離れたミデアンの地に落ち着いたと言う。モーセの命の危険はなくなった。彼は井戸のそばに坐り（二・15）休息と平安を得ているモーセの姿を描く。井戸は特別な出会いの場所である。そこにモーセは長い間一人でいたわけではない。羊を飼う七人の娘が羊に水を飲ませようとやって来た。モーセにとって彼女たちは特別なことは何もない。ただミデアンの祭司の娘たちである、と筆者は身分を明らかにする。読者がこののどかな情景をうっとり眺めていると、快活な娘たちが坐っている男のまわりに集まって来るではないか（二・16）。読者はモーセの反応はどうかと興味を持つだろう。その時、何人かの男が現われる。羊飼である。静寂は去った。男たちはわれ先に突き進み、娘たちの苦労の実を奪おうとした。モーセは即座に割って入り、男たちを追いやった。娘たちを助けたのである（二・17）。モーセの働きによって平和が戻った。またもや虐げられた者たちのために優しい心を見せた（二・11―14参照）。明らかに彼の同情は自分の同胞と同性の者たちに限られていない。

第二の場面で（二・18―20）読者は娘たちの家に案内される。父は娘たちに「どうしてこんなに早く用事を済ませて帰ることができたのか」と尋ねた。勇気ある「エジプト人」のお蔭で、と感動的な様子を娘たちは報告した（二・17参照）。父はこの見知らぬ人物に客人の礼をもって報いなければならないと思い、食事に招いた。それからモーセに何があったか筆者はそれ以上語らない。結論的なことを二、三言って終る（二・21、22）。モーセはミデアンの娘たちの父の家に滞在し、父は一人の娘をモーセに与え、二人は結婚する。妻はモーセに男の子を生んだ。名前はゲルショムである（二・10参照）。名付けることで筆者は物語のこの部分を終る。ここで名付けたのはモーセである。名は約束を含んでいる。息子にゲルショムという名を与えることによって（二・22）、モーセがミデアン族の一員となり、自分の過去を忘れてしまったのではないと表明しているのである。彼は自分のアイデンティティを守ったのである。同時に将来の展望を示す。モーセはミデアンに逗留しただけであって、彼の将来はそこにある必要はない。二・21、22ａに注意せよ。モーセはそこに滞在しているのであるし、もはや彼の民の解放者になる道は残っていないと思う人もあるかもしれない。しかし二・22ｂを見れば将来の窓は開いている。息子の名はモーセに自分の過去を思い出させ、自分の将来の道が開かれていると告げている。要するに二・22の終りに来れば、読者は希望を持ち、モーセがパロと交渉し、同胞をエジプトから導き出すチャンスが来るのを見る。

二・11―22においても筆者は神の名を明らかにしない。しかし、神の手が一連の出来事の中で働いていると筆者が考えていることは疑いない（一・8―22、二・1―10参照）。物語が進む時、モーセの運命にとって大きな決定的要因はまたもや女性たちである（一・15―19、二・1―10参照）。ミデアンの祭司の娘たちと出会い、モーセはミデアンに住んだ。それは彼とイスラエルの将来に重要な影響を与えた（出三、四章）。

すでにわかったことであるが、筆者はいくつか指摘してこの部分を終る。特に二・11—22では非常に簡潔に語る。二・20の後、誰もが期待するだろう。娘たちが井戸の端でモーセを食事に招き、モーセがそれに答えて祭司の家に行き、食卓についたと。しかしそれは何も語らない。筆者はそのような陽気な社交に何の興味も示さず、語る時間を惜しむかのようである。二・21、22で話を先に進める。モーセの人生に起こったこと、つまり彼が祭司の家に住み、そこの娘と結婚して父親となり、そこで過ごした短からぬ歳月を言葉少なに語る。ミデアンの暮らしぶりは細かく語りたくない、との印象を受ける。モーセの伝記を書いているのではない。目的は族長たちへの約束がいかに果たされるかを物語ることである。モーセについて読者に知らせるべきことは、モーセが無事に危機を乗り越え、息子の名前からわかるように彼がミデアン人に同化しなかった点である。筆者は急いでいる。彼はエジプトの事情の変化の中心を知らせたいのである。それがエジプト脱出と新しい土地の約束という物語の進展にとって根本的な重要事なのである（二・23—25）。

解放者の召命　二章23節―四章19節

エジプトにおける状況、舞台裏の様子

二章

23長い月日が流れ、エジプト王が死んだ後、イスラエルは重労働に苦しみ始めた。彼らは叫び声をあげ、声は神に届いた。
24神はその呻き声を聞き、アブラハム、イサク、ヤコブに与えた約束を忘れなかった。
25神はイスラエルを見て同情し、彼らを心にかけた。

イスラエル人の苦悩と神の反応が共に強調される。その二点が四つの単語で示される。

モーセのミデアン滞在の記述は二・23―35で中断される。読者はエジプトに引き戻され、物語の続きとして重要な報告を聞く。重労働を命じたパロが死んだのである。しかし民の状況は何も変わらな

い。どこに解決を求めればよいかわからないまま、悩みの中から叫ぶほかなかった。解放の機は熟した。王の死は、将来の解放者モーセの命の危険が去ったので自らエジプトに帰れることを意味した(四・19参照)。そして何より大事なことは、神がイスラエルの運命に深く心を寄せ、族長たちへの約束を思い返すことであった。まさに好機到来である。希望が見えた。どのように救いは実現し、約束の成就になるのか。三・1で読者はミデアンにいるモーセの所に戻る。モーセがまだ何も知らないことを読者は知っている。エジプトの状況はモーセにとっても好都合に変化したし、神の反応が期待される。だから読者はそっと見ていなければならない。そして心の中でこう問うであろう。神はどのように力をつけたモーセを用いてこの民を解放するのだろうかと。その問いに答えようと筆者は急いでまだ何も知らないモーセに戻るのである。

将来の解放者と約束の神との出会い

三章

1 今ではモーセはミデアンの祭司、妻の父エテロの羊を世話する羊飼である。ある日モーセは羊を連れて荒野に、神の山ホレブの近くに来た。
2 そこに主の使いが一人、棘のある藪の中から火の炎に包まれて現われた。藪は火と炎の中にあったが焼け盡きないことにモーセは気付いた。
3 そこでモーセは考えた。「近寄り、なぜ藪が燃えつきないのか、（それが分るよう）この不思議な有様を見てみたい」。
4 その時主は、見ようと近寄るモーセに目をとめ、藪の中から「モーセ、モーセ」と叫んだ。「はい、私は聞きます」とモーセは答えた。
5 神は「近付いてはいけない。足のサンダルを脱ぎなさい。お前が立っている所は聖い大地である」と言った。
6 また神は「私はお前の父の神、アブラハムの神、イサクの神、ヤコブの神である」と言った。モーセは神を恐れ、見ないように自分の顔を覆った。

二・18にミデアンの祭司の名前はリユエルとある。ホレブの山は出エジプト記一九章のシナイ山と考えられているが、その場所ははっきりしない。諸説がある。伝承によればシナイ半島の南部であるらしい。またそこは主の住む所であるとされる。火は主の聖なる逆えない臨在のしるしである。火が藪を燃えつきさせないことは、燃やしつくすはずの神が善意に満ち溢れていることを意味する。荒野の棘のある藪の中に、水源とまったく同様に命がある。古代人の考えでは、荒野は何かの形で神と結びつくし、まさに啓示の場所である。同じことが山についても言える。山は神に属する聖なる場所であり、人間にはまことの経験と隔絶の感覚が必要である。

筆者は突然読者をエジプトから引き離し、モーセの羊飼としての新しい任務の場所に移す。それはミデアンにおけるモーセの家庭生活を見せるためではない。モーセは今までとは違う新しい荒野という場所で任務につく。神の山ホレブの荒野であって、ミデアンの外である。羊飼の仕事をしながら彼はそこに来た。出エジプト記の物語を背景にして言えば、モーセは神に導かれてそこに来た（一・8—22、二・1—10、11—22）。そして先祖の神、土地を与えると約束した神との出会いが起こる。すべてにおいてイスラエルの民の解放者となる資格を有する人間（二・11以下参照）と新しい土地を与える約束の神がホレブで出会う。前者が後者に喜んで奉仕する限り、将来に希望がある。緊張した期待をこめて読者はこの出会いの結果を見守る。

イスラエルの解放者の召命

三章

7 主は語った。「エジプトで私の民が苦しんでいる姿を私は見ている。彼らを追い使う者たちの下
で彼らが呻く声を私は聞いている。彼らの苦しみがよくわかった。
8 だから彼らをエジプトの力から救うために、その国から良い広々とした土地、乳と蜜の流れる土
地、カナン人、ヘテ人、アモリ人、ペリジ人、ヒビ人、エブス人の地に導き出そうと下って来た。

9 実にイスラエル人の叫び声は私に届いた。エジプト人が彼らに対してどんなにひどい扱いをしているか私は見た。
10 だからこそ私の民イスラエルをエジプトから導きだすために、私はお前を送り出す」。

様々な繰り返しによってイスラエルの運命に関して主は熟知して介入することは強調される。三・7—10には平行した構造がある。a（三・7）—b（三・8）—a（三・9）—b（三・10）。しかし繰り返しは一通りではない。三・9はすでに語られた言葉の断定であり、三・10は三・8以下のことを語る。主は彼の全権大使モーセによって解放を実現しようとしている。エジプト権力からの解放はパロとの対決を経て起こる。他方、重要性は少ないが、三・8とは違って三・10ではイスラエルの民が導き入れられる「乳と蜜との流れる地」つまり牧畜にも農業にも極めて適した、食物と生活を保証する場所に言及しない。

主はモーセに自ら名乗り出て（三・6）、更に姿を現わした理由を述べた。全地の王として天から世の出来事に強い関心を抱いて目を向け、そこに起こることを心に留める。ことに彼らの先祖アブラハム、イサク、ヤコブと契約を結んだ神は彼らの重労働の苦しみに対して特別な同情を寄せる（三・7、9）。その民の苦しみを知って主は介入の決意を固め、彼らをエジプトから幸いな国に導き出そうとする（三・8）。創世記を背景にしてこう言えるであろう（二・24参照）。「主は族長たちに与えた約束を（創一三・15、一五・13以下、四六・4等）、今やその子孫に果たす」と（六・4以下参照）。

あの民が逃げ出すとのパロの不安（一・10）が的中したのは、パロがそう考えたからではなく、主が介入したからである。主の計画を実現に至らせようとして主がモーセに目を留めたのである。主が彼を自分の代理人としてパロに派遣する。民をエジプトから導き出すことはモーセの義務である（三・10）。ここまで出エジプト記を読んで来た者は、モーセがいかに切実に自分の民の運命に心を寄せて来たかわかるであろう（二・11以下）。また彼が情熱を傾けて命令に応えるに違いないと期待する。何が起こるのか（三・7―10による使七・34参照）。

召命を受けた解放者の最初の抵抗と神の反応

三章

11 しかしモーセは神に言った。「私がパロの所に行き、イスラエル人をエジプトから連れ出すとは、
私は何者でしょうか」。
12 神は答えた。「私はお前と一緒だ。お前を遣わす者が私である証拠はこれである。この民をお前
がエジプトから連れ出す時、この山でお前は私を礼拝する」。

第二の抵抗と神の反応

三章

13しかしモーセは神に言った。「私がイスラエル人の所に行き、『お前たちの先祖の神が私をお遣わしになった』と私が言うとしましょう。『その神の名は何か』と彼らが問う時、私は彼らに何と言うのですか」。

14その時主はモーセに答えた。「私はほんとうにある私だ」。また続けて「イスラエル人に答えよ。『私はあるという者が私をお前たちに遣わした』と」。

15また神は答えた。「イスラエル人にこう答えよ。『お前たちの先祖の神、アブラハムの神、イサクの神、ヤコブの神、主が私をお前たちに遣わした』と。これが永遠に私の名である。だからあらゆる世代にそう呼ばれることが私の意志である。

16さあ、行きなさい。イスラエルの長老たちを集めて言いなさい。『お前たちの先祖の神、主が私に現われてこう言われた。私は常にお前たちを深く心に留め、エジプトで人々がお前たちに何をしたか皆知っている。

17だから私はお前たちをエジプトの苦難からカナン人、ヘテ人、アモリ人、ペリジ人、ヒビ人、エブス人の地、乳と蜜の流れる土地に導き出そうと心に決めた』と。
18 彼らがお前に従う時、お前とイスラエルの長老たちはエジプト王のもとに行き、王にこう言わな
ければならない。『ヘブライ人の神、主が急にわれわれに現われた。だからわれわれは三日の予
定で荒野に行き、われわれの神、主に犠牲を捧げなければならない』と。
19 もちろん私は知っている。もしエジプトの王に相当な圧力を加えなければ、彼はお前たちを行か
せないであろう。
20 だから私は破壊的な力を行い、驚くべき行動によってエジプト人を打つ。その後、主はお前たち
を去らせるであろう。
21 私はエジプト人がイスラエルの民を好意的に扱うようにする。だからお前たちが空手で去ること
がないであろう。
22 女たちは皆、隣近所の人や家で働く者たちに金銀装飾品そして衣服を求める時、彼らはお前たち
の子供にもくれるであろう。だからお前たちがエジプト人から奪い取るのである」。

三・13に「その神の名は何か」とあるが、真正の証明を求める問いである。モーセの信頼性が問題になっている。イスラエル人がモーセは正真正銘、神の代理人であるのか証拠を求めるだろうと、モーセは言う。もしモーセが神の名を知っていれば、彼が神の前で特別な地位を与えられ、神との深い交わりあることがはっきりしたであろう。三・14に「私はほんとうにある私だ」とあるが、これはヘブライ語の言い方

である。一九五一年のNBG（ネーデルランド聖書協会）聖書には「私は私である所の者である」、ヴィリブロルト訳には「私は在る者である」と訳され、神の名、いわゆる神聖四文字JHWHの解釈である。私見では、神が神の名を自ら表明することはできない。これははっきりしている。神が偉大であり比類ない方であるのだから、ある名前の中に内包されることはありえない。モーセがイスラエル人に、神は「私である」と伝える時、神とはご自分の民に深く関わっている者であることを知っている者の言い方である。そのことが十分理解されなければならない。三・15は、イスラエルがJHWH（主）の名を用いて神との関係が固く保持されるべきであると伝えている。三・14は明らかにJHWHが神の名と見ることはできない。それは神の本質的な性格を表わしてはいるが、その名によって神が自らを全面的に知らせているのではない。神は限りなく大きい。JHWHの名によって神は自分の一面を見せているに過ぎない、と教える。三・18によれば、神の顕現は啓示の場所における宗教的礼拝形式の応答を要求する。それが古代人の考え方である。三日の期間は神に出会うまでの準備に関係する。三・19―22はその事情を明らかにする。要するに主のために犠牲を捧げる礼拝を民に許可するようパロは要求され、紛糾が起こる経過が語られる（五・4―一一・36参照）。すでに災難が暗示されている。モーセは民の解放が実現困難であることを知っている。しかし同時に定められた目標が必ず達成されるとの保証を固く掴んで離さない。三・21、22によく注意せよ。教義学の尺度に頼り過ぎてはならない。主自ら抑圧者を魔法にかけてイスラエル人を巧みに救った、と物語は進む。抑圧者が友人になる。エジプト人はもはや搾取しない。むしろ彼らの宝物を喜んで贈り物として与える。力ある男の要求ではなく、主婦たちの頼みに応え、一緒にいた子供たちにも晴着で飾る程豊かに与えたのである。

第三の抵抗と神の反応、三つのしるし

四章

1
しかしモーセは答えて言った。「もし彼らが私を信じないで私に従わず、『主はお前に現われなか
った』と言う時——」。
2
その時主は尋ねた。「お前の手に持っているものは何か」。モーセは「杖です」と答えた。
3
そこで主は命令した。「それを地面に投げよ」。モーセが杖を地面に投げると杖は蛇になったので
モーセはのけぞった。
4
主が「手をのばして尾を掴め」と命じた。モーセは手をのばして尾を掴むと、手の中で蛇は杖に
変わった。
5
「彼らの先祖の神、アブラハムの神、イサクの神、ヤコブの神、主がお前に現われたことを彼ら
は信じるであろう」。
6
また主は「手をふところに入れよ」と彼に命じた。彼が手をふところに入れて、取り出すと、手
は雪のような発疹に覆われていた。
7
すると主は「もう一度手をふところに入れなさい」と命じた。モーセがもう一度手をふところに

入れてから取り出すと、手はほかの体のようになっていた。

8「もし彼らがお前を信じないし、最初のしるしを受け入れなくても、第二のしるしは信じるであろう。

9もし彼らが二つのしるしを信じないし、お前に従わないならば、川から水を取り大地に注げ。川から取った水は変わる。大地の上で血に変わるであろう」。


主は三つのしるしによってモーセを自分の使者として正当に認知した。一つは説得以上のものである。第二のしるしも説得力のある証拠として十分である。モーセは奇跡を行なう者として三つのしるしを示すことができた。三つとも同じ種類のものである。ある特定のもの、ある対象物が全く変化する。二つのしるしについては即座に現われるが、その奇跡は二重の形をとる。一つの奇跡が起こり、奇跡以前の状態に戻る。第三のしるしはただエジプトにおいてのみ起こった。文章は古代人の世界観を背景にして読まなければならない。しるしを行なったり、預言したりする者は神と特別な関係を持っている実を示している。古代人の考え方によれば、蛇は死と混沌の象徴であるし、また知恵と命の贈与者でもある。人が蛇を支配し、その害を受けないなら、その人は神と特別な関係を持った者であり、ほかの人々と違っている。四・2以下の驚くべき物語は蛇の魔力がそこでは通じないで蛇が棒になり、また逆のこと、つまり棒が蛇に、あとでまた棒になる。モーセは特別のしるしを行なう機会を得た。四・6は普通の「彼の手はライにかかった」という訳をさける。現代人ならその訳文を見てライ病のイメージを持つであろう。間違っている。ヘブライ語ではいろいろの皮膚病や発疹の意味である。その病にかかれば恐ろしいばかりに排除し、その人を宗教や社会から隔絶した。第二のしるしの背後には次の場面が隠れている。神の人は病気を送り、また癒す力を持っている。ある人が好きなように病気にしたり消え去らせたりする力があれば、その人は神の力を持ち、神との特別な関係にあることを示している。古代人の考えによれば、血と命との間には密接なつながりがある。命は血の中にある。血と死の間も同様であって、血が流される時、死の近さが迫る。最初の二つのしるしと同じ様に第三のしるしも、そのしるしを起こす者は神の力を受けていることを示している。三つのしるしはどれも変容をテーマとしているばかりではなく、死と命の対立が目立つ。蛇、素肌、血の三つはいずれも死の領域に属している。これらのものを呼び出したり、消え去らせたりする者は死と命にかかわる力を行使する。しかし神と彼との結びつきを納得がいく様に証明することはできない。

第四の抵抗と神の反応

四章

10その時モーセは主に言った。「主よ、お許しください。私は上手に話せる者ではありません。あなたがしもべにお語りくださった最初から、今も同様であります。私はうまく話せません。口が重いのです」。

11主は彼に答えた。「誰が人に話す力を与えたのか。誰が、口のきけない者、耳の不自由な者、見える者あるいは見えない者にするのか。私は主である。

12
さあ立て、だから私自身がお前につき添って語らせる。お前が語るべきことは私が知らせる」。

主は、モーセを用いてイスラエルの民を解放する者であるばかりではなく、人間の造り主であり、どんな能力また障碍でも一人の人間に配分するかしないかの決定者であることを彼に示す。モーセは不測の障碍について心配する必要はないのである。彼に仕事を命じるのは個々人の命の主である。主がモーセに仕事に必要な能力を与えてくださる。

召命を受けた解放者の拒否と神の反応

四章

13
しかしモーセは言った。「主よ、お許しください。誰か、み心にかなう人を派遣してください」。
14
その時主はモーセに対して怒りを覚えて言った。「アロンがいる。お前の兄弟でレビ族だ。彼が上手に話せる者であることは私が知っている。彼本人が間もなくお前の所に来る。そのとき彼の心は喜びでみちるであろう。
15
お前は彼に語り、言葉を彼の口に置きなさい。語ることについて私はお前と彼を助ける。二人がなすべきことをお前たちに言うであろう。

16 彼がお前の代わりに民に語る。彼はお前の代弁者となり、お前は彼の神となる。
17 その時お前はここにある杖を手に取り、杖によってしるしを行なうであろう」。

四度に及ぶモーセの反対の後、神の反応があり、さらにモーセが語った言葉は反抗の頂点である。応答の光の中でモーセの口から出る一つの積極的な答を読者は期待するであろう。しかし主の命じる任務を果たそうとはしない。モーセは自分の素顔を見せてしまう。主は忍耐を捨て、モーセの反抗はもはや我慢できないことをはっきりさせる。しかもなおモーセの言葉をとらえて離さず、モーセに答える。主はモーセと共にもう一人別の人を派遣する。この新しいやり方でモーセの苦渋（四・10）に応じる。モーセはこの代弁者を使うことになる。神が預言者を用いて語るように、モーセはアロンを介して最高位者の言葉を伝えることになる。この神の行動は感動的である。モーセは代弁者を従えた権威者として杖を持って登場する。パロの前に現われる装いである（七・10以下、19以下、八・1以下、九・22以下等）。

その結果

四章

18 モーセは今、義父エテロのもとに戻って言った。「私はエジプトにいる兄弟たちの無事を確かめるためにどうしても行かなければなりません」。エテロはモーセに「安心して行きなさい」と答えた。
19それから主はミデアンにいたモーセに言った。「さあ、エジプトに行け（そこにはもはやいかなる危険もない）。お前の命を求めていた者たちは皆死んだのだ」。

主はモーセの拒否を認めない。モーセは行かなければならない。しかし彼が命令に従ったようには見えない。エジプトではなく家に帰った。そこで自分の使命についてはっきりと言わないが、義父に対して語った願いからすると、エジプトに行き、召命に対する反抗は放棄したことが分かる。その時主は再び現われ、言葉を与えて彼を励ました。読者が主とモーセとの会話からすでに知っている通り、モーセも今や知っているのであるが、エジプトの状況が変わった。モーセにとってよくなっているのである。そしてこれはイスラエルにも関係している。

対話の様子と結果

緊張は高まる。神がモーセに対し、イスラエルの手を取って解放する任務を命じた（三・10）。読者は注目する。モーセはどう答えるのか。しかし期待に反して三・11以下は失望である。モーセは神に従い心を盡くして身を捧げるのではない（イザ六・8参照）。使命を前にして相応しい姿を示さない。神が与えた仕事は間違いなく失敗すると神に向かって説得する。四回（完全を意味する）も重ねて、仕事からはずして貰いたいと願い出る。二回は自分の無力を（三・11、四・10）、二回はイスラエルの民自身が大きな障碍になって解放の事業は実現しないとモーセは主張する。そもそもこの民は自分を主の使者として受入れないだろうと言う（三・13、四・1）。神はモーセの苦情をことごとく聞いた上で、十分過ぎる程満足の行く答を与えた（三・12、14―22、四・2―9、11、12）。神はモーセに対して、共にいると確約し、計画の成功を保証した（三・12）。神はモーセに使命遂行に必要な細々とした指示を与え、モーセがその仕事を完全に果たせるように準備した（三・14―22）。その上、モーセが奇跡を行なって主の使者であることを証明できるようにし（四・2―9）、更に彼の口に「言葉を与える」と約束した（四・11―12）。

モーセの論じた言葉は二種あって、a―b―b―aと交錯している。モーセが自分はこの仕事は果たせないと訴えた時（三・11）、神が答える（三・12）。するともはやいかなる口答えもできなくなり、モーセはやり方を変える。モーセは言う（三・13）。自分は命じられた仕事を果たそうとするが、イスラエルが自分を主の使者として受入れず、その結果、神は自分の派遣をあきらめ、もっとよい方法を選ぶように奨める者であると。しかし神はモーセの拒否を承認せず（三・14、15）、この機会を利用してモーセに使命を果たすよう十分な指導を与えた（三・16―22）。これは神がモーセにこれ以上新たに反対する機会を与えないかのようである（三・16）。モーセはいかなる苦情も問いも出せなくなった。神は自分を押し通し、語り続ける。モーセは自分が何をなし、何を期待すべきかを知った時、屈服させられたのである。しかもそれは希望のもとにである。何が起こるのであろうか。モーセは反抗をあきらめず、神の言葉をほとんど無視してしまったように見える。彼は最後の議論に固執した。この民は恐らく私を受入れないという議論である。彼は前回同様、力を込めてもう一度反論する（四・1）。モーセの反論は投げ捨てられた。三つのしるしが与えられ、彼の権威は保証された（四・2—9）。それでもなおモーセは最初の主張を押し通そうとした。自分が無力だと言い張る（四・10）。だが今度は自分が失格者であることを具体的に証明しようとする。この主張もまた神の前には通用しないように見える（四・11、12）。彼はもはや新しい口実を見つけることはできないと観念する。モーセは今やまったく敗北を認めるだろうと読者は想像するかもしれない。すべての問題は解決された。モーセはあらゆる点で神の支援を得ることがわかった。しかしこの想像は違っている。議論はつきた。だがこれまで論じて来たことは口実に過ぎず、本音は別の所にある。ほかの人こそこの任務を果たすべきなのだ（四・13）。それまで忍耐に忍耐を重ねてモーセの拒否にまじめに対応して来た神は、またしても拒否に会い（四・13）、遂に忍耐を捨てた（四・14）。ここで神の反応の仕方は、モーセの拒絶に比べて遥かに深いことに気付くべきであろう。神の反応に怒りはあるが、モーセの求めに部分的ではあるが応じている（四・13）。確かに神はほかの人を派遣するのではないが、モーセを一人で行かせないことにした。兄アロンが同行するようにした（四・14—17）。そこで会話は終る。神の最後の言葉が来る。モーセは一言も答えていない。モーセが降伏したことを物語の続きで知ることになる。

モーセが自分の無力を強調し、それに対する神の反応から、この計画全体が神の企てであることがよくわかる。イスラエルの解放は人間が始めたものではないし、人間的動機によるのでもない。まったく神の介入と実行力による。

筆者は神とモーセの出会いを非常に細く語る（三・1—四・17の39節）。短時間の出来事なのに、何年にも及ぶミデアン滞在の歳月（二・18—23の8節）に比較して四倍の詳しさで書いている。最重要事として強調されている。更にモーセの伝記執筆が筆者の関心事ではない。焦点は族長たちに与えられた約束がどうなるかである。詳細な会話によっても読者の問いは終りまで答えられない。緊張は頂点に達する。召命を受けたこの男がなかなか素直に要請に従わず、ぐずぐず反抗し続け、最後には、自分は役立ずの駄目人間だとぶっきらぼうに言う（四・13）と遂に神はモーセを雇おうと、見事に応じる始末である。繰り返し反抗するモーセとの対話を、希望と不安の間に揺れながら聞く読者は、期待が絶たれたように感じる。解放と新しい土地の約束実現が全然起こらないからである。しかし状況が絶望的であると読者が思う、まさにその時に（二・15）大逆転が起こる。神は自分のために最後の言葉を求める（四・14—17）。危険は去った。確かにモーセはまだエジプトに行かない。しかし今や喜んで行く意志を多くの言葉で表明する（四・18）。ここまで来ると主は再び彼に出会い、語る。物語は前に向かって動き出す（四・19）。

解放者、エジプトに戻る　四章20―31節

四章

20モーセは妻と子供たちをろばに乗せ、エジプトに帰って行った。モーセは神の杖を持っていた。
21主はモーセに語った。「さあ、今エジプトに帰って行くにあたって、私がお前に与えた不思議な
力をよく心に留めてパロの面前で振る舞いなさい。パロは私の民を去らせないであろう。私が断
固彼を頑なにするからである。
22お前はパロにこう言いなさい。『主は言う、イスラエルは私の子、私の長子である。
23だから私は繰り返して言う。私の子を去らせよ。私を礼拝するためである。お前は私の民を去ら
せなかった。だから間もなく私はお前の子、お前の長子を殺すであろう』と」。
24旅の途中、モーセが夜を過ごしていると、主が現われて彼を殺そうとした。
25その時チッポラが石のナイフを手に取り、息子の前の皮を切り取った。彼女はそれをモーセの男
のものにつけて言った。「まことにあなたは私の血の花婿です」。
26すると主はモーセを離した。割礼を見て「血の花婿」と彼女が叫んだ時である。

27 主はまたアロンに「荒野に行ってモーセに会いなさい」と言った。アロンは出て行って神の山で
モーセに会い、彼を抱いた。
28 モーセは主が命じた通りアロンに言った。また行なうように命じられたしるしについて話した。
29 モーセとアロンは行ってイスラエルの長老たちを皆集めた。
30 アロンは主がモーセに語ったすべての言葉を伝え、民の見ている前でしるしを行なった。
31 民は信じた。主がイスラエルの苦しみを見て深く心に留めていると聞き、ひれ伏して拝した。

四・22、23では主がモーセとの言い合いにおいて誰がイスラエルの指導者であるかを明らかにし、パロは主がイスラエルの真の同情者として最後にはイスラエルのために登場することを知るようになる。主なる神が打つ所でパロが打たれる。主が長子に愛を示す時である。四・24―26は出エジプト記の最も暗いくだりである。私の大注解書（第一巻408―428頁）を参照。夫モーセの性器の一部を切取って血を流す象徴的割礼によってモーセは血の花婿になる。モーセは命じられた任務に更に聖別された。「神の山」（四・27）は神が実際に見ている所である。

四章20―31節で筆者は四つの場面を読者に見せる。第一、モーセがミデアンを離れる（四・20―23）。第二、第三、エジプトに戻る時の出来事（四・24―26、四27、28）。第四、モーセのエジプト到着と彼の民の歓迎（四・29―31）。

モーセがホレブからミデアンに戻ると（四・18以下、二・15以下参照）、彼は義父に自分が他国に住む客のように振舞い（四・22）、自分の家族の様子を知りたがり、エジプトに戻りたいと申し出る。前にもエジプトに帰りたいと言ったことがある。今や事が次々に起こる。言葉は非常に少ないが筆者は沢山のことを物語る。その語り方は、長々とした実のない会話のあと、急に事態が動くようである。極めて要約した形で、物語の進展にとって最重要な出来事を語る。モーセはエジプトに行きたい。義父はモーセを祝福する（四・18）。彼に対して、命は必ず守られると言って安心させ、励ます（四・19）。モーセはすぐに旅立ちの用意をする（四・20）。許され、危険はないと言われ、モーセは一刻も無駄にしない。妻子も一緒に行く。ミデアンを離れることはモーセにとっては嬉しいような印象すら与える。杖を手に取る。家族旅行ではないと言うのであろうか。エジプト旅行は主の代理者としての使命である（四・2以下、17参照）。モーセがまさに出発しようとする時、ミデアンにおける第二の話が続く。主は最後の命令と情報を与える（七・18―一一・5の情報と同じ）。モーセが杖を持って出掛けようとするのを見て、この計画は必ず成功すると主が語っているかのようである。主自ら全責任を負うのである。パロとの出会いに関していかなる偶然の余地もない。すべては周到に計画されている。どんな細部に至るまでも。「お前の杖を忘れないで使いなさい。杖の目的を心得よ」と主はモーセに語る。

情報と命令（四・21―23）はパロの前にモーセが登場することである。それについては三・18以下で今とは違う言葉で強調され、細かい説明もあった。それはエジプト人の間で主が与える災害のことであった(三・20)。ここではモーセがパロの面前で杖を用いて呼出す災害のことである(四・21)。三・19では主がエジプト王の強情さについて承知していると言い、四・21では主自らパロを強情にすると言う。あそこでは災害によって最後には王が民を去らせ、エジプト人は主の霊力によって略奪を黙認すると語り(三・20、21)、ここでは災害は強制手段としてはパロに通用せず、最後に主が「目には目を、歯には歯を」の法則によって行動し、パロの長子を死に至らせる最悪の事態によってパロを打つ(四・22、23)。続く何章かの一連の出来事を見れば、三・18以下と四・21以下の情報と命令は出エジプト記の中では補助的に取扱われている。四・21ではモーセの位置が強調されている。モーセがパロの前で奇跡(災害)を起こすのだと多くの言葉で言われてはいる。彼はイスラエルの民の前で自分が神の使者であることを知らなければならないが(四・1以下)、パロにも自分が力ある神の代理者モーセとして交渉している事実を知らせなければならない。モーセの受取った情報は自分に対する励ましでもあると彼は理解する。彼が壁にぶつかり苦闘する時、彼はそれが主の戦略の中にあると理解しなければならない。読者もこの事情を共有せよ。事態が最悪であっても、主は絶対的な権威をもって計画的に歴史を導いていることを、読者はこの時点で十分知っていなければならない。また、モーセがエジプトに戻ってからの一連の出来事を背景にして、与えられた情報と命令を補足拡大すれば、次のような結論が得られるであろう。主は完全に事態を掌握している、主が事柄を偶然にまかせていることは一つもない、絶対にないと。

ミデアンの場面に続いて読者は突然エジプトに戻るモーセの旅の途中に起こった出来事を目撃する

ことになる。創世記では、例えばハランに向かうヤコブの旅について細かい記事はないが、主との出会いという最も重要な出来事だけは記述されている（創二八・10―22）。それと同様に出エジプト記においてもモーセがエジプトに行く旅の十分な記述がないのに、主との夜の出会い（四・24―26）とアロンとの出会い（四・27―28）だけは語られている。この二つの出来事に続く一連の物語にとって最重要事なのである。

エジプトに戻る時の最初の光景は読者を驚かせる。モーセがまったく反抗しないで命令に従う態度を誓うので、読者はやっと安堵する（四・18―20）。民の解放実現の難しさを読者が知っても、絶望する理由はまったくない。なぜなら主がその一切を完全に把握しているからである（四・21―23）。それでもなお、進み行くモーセを主は死の危険に臨ませる。読者はその証人とならなければならない（四・24）。再び民の解放は実現しないかのように思われる。事は急を要する。希望が消え失せた、まさにその時、事態は変わる。四・24―26の場面は緊張を頂点まで高める。状況がそれほど悪くなっているのに、主は何事もなかったかのようにどうしてできるのか。またもや女性である。危機に際して彼女が介入して救うのである。こうして解放の物語は中断されずに前進する（一・15―21、二・1―10参照）。チッポラが息子の割礼を行ない、代理として夫にも血による「割礼」を施す（四・25）。その時、危機は去った（四・26）。読者は再びほっとする。読者、主による殺害には目的、少なくとも積極的な成果をもたらす目的があることに気付く。こうしてモーセの割礼があり、特別な意図の下で彼は任務のために聖別されたのである。モーセは本当に仕事に取りかかることができる。彼は割礼によって聖別された。だから四・24に記録されているような危険に再び襲われることはない。今やモーセは自分を待つ任務遂行の準備が完了した。

エジプトに戻る時の第二の光景は、不安であった読者に喜びと新しい希望を与える。人は本当に主を信じることができる。主は必ず約束を守る。自ら約束したとおりに行動する（四・14）。モーセとアロンの出会いは実現した。この兄弟の出会いに主が関係していることは、出会いがよりによって神の山で起こっているのだから間違いないであろう。そこでモーセは自分に示された啓示と自分に与えられた任務をアロンに告げる。更に出会いの場所からしてアロンの聖別と仕事のすべてが、主の同意と承認の下にあることは明瞭である。

要するにモーセのエジプト帰還の途中にあった二つの出来事は、彼を主の使者また民の解放者として行動する資格と能力を与えた。最後の最後までモーセの使命遂行のために準備したのは主である。モーセは割礼を受け、アロンとは一体である。あらゆる点で用意は完了した。仕事は始まるばかりである。最後の光景でモーセとアロンは直ちに仕事に取りかかる。主の命令に従って行動する（四・30―31、三・16以下参照）。民の接見は何の問題もなく進む。二人は主の使者として認められた。

モーセとアロンの到着と歓迎の物語は驚くほど簡潔に語られる。簡潔に語ることによって筆者は、出会いが問題なく進んだことをはっきりさせている。主の命令と準備の後にはそれ以外の予想はできない。二人と民との問題ない出会いはモーセの反抗と驚くほど対照的である。モーセの反抗は、民の不信と拒絶が予想されたからであった（三・13以下、四・1以下）。この簡潔な叙述によって、モーセの反抗の問題に根拠はなかったと筆者は言いたいのである。反抗は必要なかった。モーセの問題は、モーセが以前、主と会話した時に口にしたあの名、すなわちパロの側から来たのであった（三・11）。その男との出会いこそ、沢山の、実に沢山の言葉をもって語られねばならないものである。民の不信や拒否ではなく、パロの反対こそほとんど乗り越え難い障壁である。しかしモーセは何が自分を待っているのか、それがわかるようになる（三・19以下、四・21以下）。

パロとの対決、その一　五章1—21節

モーセとアロンがパロの前に

五章

1 その後、モーセとアロンはパロのところに行き、告げた。「イスラエルの神、主は言う。『私の民
を去らせよ。彼らは荒野で私の祝いに参加し、私をあがめるためである』」。
2 パロは言った。「主とは誰か。私が彼に従うのか。イスラエルを去らせなければならないのか。
私と主には何のかかわりもない。私は断じてイスラエルを去らせない」。
3 すると彼らは言った。「ヘブライ人の神が突然私たちの前に現われた。だから三日間荒野に出て
行き、私たちの神、主に会い、捧げものを差し上げる。主が疫病や剣をもって私たちを打ち倒す
ことがないようにするためにである」。
4 しかしエジプト王は答えた。「お前たちモーセとアロンはこの民に仕事をやめさせようとやって
来たのか。お前たちの仕事に戻れ」。

5 パロは続けた。「お前たちは外国人であるのに、こんなに数が増えた。それでも仕事をやめさせようと思うのか」。

モーセが任務の第一部を果たし終え（三・16以下）、民イスラエルの快い歓迎を受けた後（四・29以下）、モーセとアロンは主の命令に従ってパロの所に向かった。二人は主の代弁者としてパロの前に立ち、ストレートに主の命令を伝えた。「この民を荒野に行かせ、主の栄与のために礼拝を捧げさせよ」（五・21）。パロは強い調子で突きつけられた要求に動かされることはなかった。主とは何の関係もないと言い、自分に対する権限を全面的に否定した。パロは主の命令を払いのけたのである（五・2）。しかしモーセとアロンはその場をうまく取り繕うようなことはせず、方向を変えた。声の調子を変えたのである。丁寧に彼らの願いを繰り返した。もっと情報を告げて自分の願いを強調した。もしパロが神の求める礼拝を許さない時には、恐ろしい危険がパロを襲うと予告した。自分たちは純粋な信仰心に従っているだけであることをパロにわかって貰おうとした。パロの良心に訴えて考えを変えようと試みた（五・3）。結局うまく行かなかった。何を言ってもパロは聞き入れなかった。パロの分析によれば、モーセとアロンは民の労働放棄と義務不履行を狙う扇動者である。民イスラエルの増大を恐れて、パロは二人の要求に一歩たりとも譲歩しなかった（五・4、5）。イスラエルを大きな民とし、新しい自分たちの地を与えるとの主の約束の実現に、パロは必死に抵抗する。パロは聞き入れないであろうと主が言った通りである（三・19、四・21）。しかし最初の交渉が失敗した後、イスラエルの上に一層苛酷な弾圧が来る、と主は言わない（五・6以下）。パロとの最初の会談は逆効果と否定的結果に終るだけであった。しかしモーセとアロンの要求によって、パロは自分の前にあるイスラエルは危険であることを今更の如く感じて、この民に対する政策を立て直す理由を思い知るに至った。

パロの反応

五章

6 同じ日パロは民の上に置いた監督者と指導者に次の命令を与えた。
7 「今までのようにあの民に煉瓦用のわらを与えてはならない。自分たちでわらを集めさせよ。
8 彼らに今までと同じ数の煉瓦を作らせよ。彼らは怠け者だ。だから『私たちの神に犠牲を捧げさせてください』と叫び続けるのだ。
9 強制労働を強化せよ。そうすれば彼らは仕事に集中し、くだらぬ願いを夢見ることはしなくなる」。

たちまち場面が変わる。モーセとアロンは実は逃げたのであるが、退出したことについて読者は何も聞かない。スポットライトはパロに当てられたままである。パロはモーセとアロンと会見し、非常にいらだち、どうしても感情を押さえることができなかった。彼は言葉を続ける。そこで聞いているのは彼の側近たちと総官たちとイスラエル人労働監督官たちだけである（五・7―10）。王は彼らに新しい命令を下した。材料のわらは与えるな。奴隷たち自身が集めよ。同じ数量は仕上げよ。これが命令である。更にパロの考えが明らかにされた。イスラエル人の怠けぐせこそ犠牲礼拝の休みを願い出る温床であることを知れ。労働を強化すれば、この民は働くことだけを考え、それ以外の考えを完全に奪うことができる。そうすればこの民は増大を止めてこの国に残るし、パロのイスラエル政策は安定する。パロはそう考えた。

パロの言葉を聞いて読者はまたもや奴隷たちの苦境に連れ戻される。当然一・11―14の光景を前にする。そこに描かれている重労働はパロの言う怠惰の非難とまったく対照的である。読者は憤慨する。それは不可能な要求だ。わら集めは恐しく時間のかかる仕事である。煉瓦造りのノルマを達成できない事情は誰でもわかる。監督者や現場監督の側からの抗議の記録は一切ない。パロの前で彼らの口からその一言も出た形跡はない。

下役と上司たちの反応

五章

10 この民の監督者たちとこの民の指導者たちは民に「パロのご命令だ、『お前たちにわらは与えない』。
11 出て行け。わらを集めて来い。命じた煉瓦の数は減らしてはならない」と言った。

監督者と現場監督たちはパロが自分たちに命じた内容をそのままイスラエル人に伝えず、わめくだけである。彼らは命じ（命じ方に注目）自らをパロの怒りの代弁者にしているように見える。言葉の暴力によって彼らは「怠惰な」愚民を動かそうとする。いずれにせよ、パロの言葉は彼らには効果があった。

再び場面は変わる（五・10、11）。読者はパロの理不盡な要求があらゆるものを破壊するのではないかと不安に思いつつ、監督者たちと現場監督たちが自信をもって仕事場に戻る様子を見る。パロの前では奴隷のようであったが、今は別人のように自由にものを言う。あそこでは従属し、ここでは権力者である。文句一つ言わずに命令を受入れ、今では命令した通り不可能事も実現すると思い込む。

パロの怒りを切り抜け地位を守る。組織機構は不安の上に成立っている。パロもまた不安に追い立てられ、奴隷を追い使う者たちも不安に駆られる。次々にである。

民の反応、返答としての暴力

五章

12 そこで民は群れとなってエジプト全土を歩き回り、わらの代わりに切り株を集めた。
13 現場監督たちは絶え間なく仕事を早めるように急かした。「お前たちはわらが支給された時と同じ数を毎日作れ」と命じた。
14 イスラエルの指導者たちはパロの下にいる監督者たちに非難され叩かれた、「なぜお前たちは今までと同じ数の煉瓦を作らなかったのか。きのうも今日も決められた数を持って来るべきであったのに」。

次の場面で（五・12―14）パロの新政策の結果が見える。民は監督者と現場監督の命に従い（五・11）、刈入れの後、見つけられるものは何でも手に入れようと群がる。現場監督は決められた煉瓦の数を納入するよう監督者に急かされた。達成されなければパロの処罰はまぬがれない。彼らは民の指導者たちを集め鞭打って不可能を実現させようと強制した。代表たちは現実を知り、民に無理を強いる不正を拒否する。鞭の連鎖を避けるために指導者たちは責任者のトップに直接訴え出た。

イスラエル人の現場責任者たち、パロの前で

五章

15その時イスラエル人の現場責任者たちがパロのもとに訴え出て言った。「なぜ私たちに対してこ
のようになさるのですか。
16しもべたちにわらはいただけません。それなのに『煉瓦は造れ』と言われます。私たちは打ち叩
かれ苦しんでいます。あなたの民に天罰が下ります」。
17パロは答えた。「お前たちは怠け者だ。それ以外の何者でもない。だからお前たちは繰り返し
『私たちは主に捧げ物を差し上げたい』と言う。
18さっさと働け。わらは与えない。決まった数の煉瓦を造って納めよ」。
19イスラエル人の指導者たちは、どうしようもない、わなにかかったことを実感した。今は「毎日、
決まった数の煉瓦を造れ。減らしてはならない」とパロ自身が追加したからであった。

筆者は再び読者をパロの近くに連れて行く（五・15―19）。イスラエル人の現場責任者だけがパロと会って話すのであって、そこにはエジプト人の監督者はいない（五・6―9）。この民の中から選ばれた現場責任者たちは許しを得てそこにいるわけではない。自分たちの意志でそこに来ている。自分たちが受けている命令がいかに理不尽であるかを訴え、もっと人間的な取扱いをして貰いたいと願い出ている。彼らは自分がパロに忠実で従順な住民であると申し立て、人間として耐え得る限度を越え、王の下臣たちが強制して罪を犯し続けるならば、自らの災を招くようになると告げる（五・16）。しかし通用しなかった。イスラエル人の言葉はすべて休暇の要求であるとパロは解釈した。パロの考えによれば、イスラエル人は怠けたいだけである（五・17）。政治状況からして、彼らの要求は決して容認されるべきものではない（五・5）。現場責任者たちの請願は拒絶された。パロの怒りが増大したのを見れば（五・17）、パロの要求が拡大しなかっただけでも実際喜ぶべきであるかもしれない。彼らは自分たちの状況が絶望的であることを知った。新しい法の執行によってイスラエルの苦境がどうなろうとパロは無頓着であった。訴えはもう不可能である。最高権力者は、新しい法を変えないと言明し、それをもう一度確定した（五・10―18）。要するにイスラエルの事態はモーセとアロンがパロと出会ったことによって以前より悪くなったのである。

イスラエル人、モーセとアロンに背く

五章

20 そこで彼らがパロのもとから出て来ると、モーセとアロンが会おうとして立っていたので彼らは
二人に食ってかかった。
21 彼らは二人に言った。「主があなたがたを見て、あなたがたに判決をくだされるように。あなた
がたは、私たちの評判をパロとパロの家来たちの間で損ねたのです。そのため、あなたがたは彼
らに剣を与え、私たちはその剣で殺されます」。

イスラエル人の指導者たちは呪いの言葉を口にした。彼らは主の名を呼ぶその名をもってモーセとアロンは行動していると称し、パロと重臣たちとの間での評判を損った。その責任を二人に取らせるよう主に懇願した。彼らのせいで自分たちは鞭打ちの刑（五・14）どころか、課せられた義務を果たせず処刑されてしまうのである。

最初の場面で筆者は読者をもう一度イスラエル人の指導者たちの所に連れて行く。彼らがパロのも

とを退出して来ると、そこで何が起こったかを語る。改善された取扱いを期待したのに、期待は消え失せ、彼らの将来が絶望的になったと憂いてモーセとアロンに出会う。今まで押さえていた怒りが爆発する。彼らは二人にだまされたと思い込み、一つのことにだけ目を向けた。二人のせいで自分たちはパロから信頼されず、死の危険にさらされているからである。彼らは二人の仮面を剥ぎ、極悪人と決め付けた。イスラエル人の信じ易さを悪用し、自分たちが解放を与える神の使者であると信用させた。だから彼らは二人から距離を置いた。二人はもはや民の代表者として振舞うことはできない。孤立した。イスラエル人の指導者たちの告発で短い幕が終る。モーセとアロンの弁明を聞くことはできない。どんな反論がありうるだろう。正論にはいかなる批判もありえない、と言うほかないであろう。

物語の緊張は五章において極度に高まった。神の使者モーセの登場によってイスラエルの状況は劇的に悪化した。これでは主による解放の約束は決して実現しないではないか。自分たちの土地が持てるという約束は決して実現しはしないではないか。

解放者は再び主と語る――パロとの対決、その二
五章22節―七章13節

再びモーセ、主と対話

五章

22 そこでモーセは主と談判しようと出ていった。「わが主よ、なぜあなたはこの民に不幸を与えるのですか。なぜ私を送り出したのですか。
23 私がパロのもとに行き、あなたの名によって語って以来、パロはこの民に不幸をもたらしています。そしてあなたはあなたの民を全然解放なさいませんでした」。

六章

1 主はモーセに答えて言った。「今、私がパロに対してしようとしていることの証人にお前はなれ。

パロは強制されてこの民を行かせるだけではない。強制されてこの民を彼の国から追い出すのである」。
2 神はモーセに言った。「私は主である。
3 アブラハムに、イサクに、ヤコブに私はエル・シャダイとして現われた。しかし主という私の名をもっては今まで彼らに自分を知らせなかった。
4 さらに私は彼らに与えた私の約束を守るだけではない。私は彼らにカナンの地、彼らの流浪の地、彼らがよそ者として住んだ地を彼らに与える。
5 そのうえ、エジプト人に強いられて奴隷の仕事をしているイスラエル人が呻くその声に耳を傾けた。そして私は自分の約束を心にとめた。
6 ではイスラエル人に言いなさい。『私は主である。だから私はお前たちをエジプト人から負わされた重労働から導き出す。私は彼らが負わせた強制労働からお前たちを解放する。逆らえない力を使って私はお前たちを救う。厳しい処罰を用いて。
7 私はお前たちを私の民とする。私はお前たちの神になる。私がお前たちの神、主であって、エジプト人の重労働からお前たちを救い出す。
8 私はお前たちを、アブラハム、イサク、ヤコブに与えると誓った地に連れていく。私はその地をお前たちのものとする。私は主である』」。

要約はヘブライ語本文のそれに結びつく。つまり、六・1＝五・24（NGB）、六・2—30＝六・1—29（NGB）。「大新約聖書」の番号づけ（ナンバリング）はヘブライ語本文と一致している。ということは、六・1＝六・1（NGB）等。

第一の場面で（五・22—六・5）、筆者は読者に幻想から醒めたモーセを見せる。モーセは一人で立っている。五・21の説明ではイスラエル人代表者たちはモーセと同様アロンの責任を追求していた。しかし五・22ではアロンのことは何も聞かない。アロンの言及がないことから、モーセがアロンを頼りにしていないことが想像される。モーセの孤立が強調されている。四・13で彼は主に最後に語りかけていたが、再び主と論じ合わなければならない理由があるとモーセは信じる（五・22—23）。結局、彼の使命は大失敗に終ったのだ。パロのもとでのいかなる成功の記事もない。彼のパロ訪問は逆効果に終った。モーセとアロンを大歓迎した民（四・30）の間に分裂が生じ、事態は最悪になった。またもや（二・14参照）、彼と民との間に溝が生じた（六・9も参照）。——が最後にさせはしない（出一四・10—31、一五・22—25、一六章、一七・1—7、32を見よ）。モーセはイスラエル人代表者たちの敵意を感じ、彼らの非難が増大したのである。モーセにすれば、それは本来主に向うべきであった。要するに事態は最悪になった。モーセがエジプトに戻って来た時よりもっと悪くなった。神の解放者は幻滅の人となった。対照的にパロの怒りは頂点に達した。主の代理者モーセは力を失い、投げ棄てられた。遂にパロの権力と独断は激増し留まる所を知らなかった。事が進みモーセはホレブの山で主と出会うほかないと思う程落ち込んだ。彼は自分の召命と自分の神にはさんざん苦しんだ。経験にうちひしがれ、使命の意味に深い疑問を感じた。これらの事実から彼は主と論じ合う正当の権利があると信じた(五・21—23)。パロは思いのままに暴力を振るい、しかもモーセの民を助けるために指一本動かそうとしない。最初の対話では当事者であったモーセが自分の召命について不安になり(四・1、五・19—21参照)、結局、自分が間違ったかもしれない、誰かほかの人を派遣してほしいと提案したのに、主はそのようにはしなかったではないか(四・12、五・22参照)。モーセは強制された使命にふさわしいようには思えない。パロとの闘いで短期の成功は頼りにするなと言った主の言葉も(三・19以下、四・22)信用できなくなった。深く失望してしまった。

このどん底状態の中で主は語ろうとする(六・1)。今やイスラエルの解放はただ主にかかっている。五・19—21によれば民の側からの協力は全然当てにできない。(パロとの対決において民はいかなる役割も果たしていない)。モーセはいわば幻滅した人であり、主が先手を打って何かをなすべき時が来た。読者は、民の解放が死ぬべき人間の業ではなく、ただ主の行動である事実に十分気付かなければならない。あらゆる栄与は主にのみふさわしい。なぜなら民の絶望と解放の奇跡性がはっきりと見て取れるからである。主が最悪を奇跡的転換点に変える。主はモーセの問いを無視し、モーセが、「今」主自らパロに立ち向かい、手を取って民を解放する転換期の証人になると力強く明言する。主は、揺れ動き、よろめくモーセと共に事を進め、大いなる忍耐をもって途方に暮れた使者を新たに励まし、命じるのである(六・2以下)。今、幻滅のうちにあるモーセはもう一度主と接触する機会を模索し、主自ら再びモーセと話そうと心を向ける（三章、四章参照）。今度の場所はエジプトである（六・28参照）。ここでも解放はあくまで主の事業である（三・11、四・10参照）。

六・1を読むと読者は、パロに対する主の力強い行動の記事を証言しようと思うかもしれないが、その記事はない。主はモーセとの対話を続け、転換が来たと宣言する根拠が何であるかをはっきりさせる。保証は「私は主である」（六・2、8）という神の言葉である。この宣言によって読者は当然主の名の以前の啓示を思うであろう。それはすでに主が自ら与えておられる（三・14）。主は神であり、民の運命に深く関わり、一連の事件に事実上介入することをはっきりさせている。ここにこそ強調点はある。この点で父祖の時代との或る違いが語られる。神は新しい形で自己を啓示する。約束するだけではない。成就もする（六・3）。だからこそ土地の約束が実現するとの確信が持てる。主は約束したことに責任を持つ（六・4）。今やエジプトにいるイスラエル人は最悪の状態にあることを知っている主が、約束の実現が見えず、すぐ現われるようにしてほしいと民が主に求めるあらゆる理由が存在する（六・5）。主の速やかな介入を求める理由が三つにまとめられる（六・3b、四・5）。主がモーセに強く迫り、解放が目の前だと明言した時、主は彼に大きな勇気を与え、再び主の代理者としてイスラエル人に接触するようにうながした（六・6）。

「私は主である」と言って神が自分の言葉を枠付けするように、モーセもまた神の言葉をただ口にするだけでなく同じように「私は主である」（六・6、8）によって神の言葉を枠付けしなければならない。（同じ文型がこの段落に三回ある）。この「私は主である」こそ、この文型に囲まれた言葉の真実と神的起源との保証である。

モーセがイスラエルにもたらす福音の形式（六・6—8）によって主は交差話法で以前の言葉に戻る。まず六・5に続いて主はエジプト人による暴力からの解放について語る（六・6以下）。更に主は土地授与の約束に言及し、約束はイスラエル人にとって有効であると保証する（六・8）。要するに主はイスラエル人にとって最も重要な一点、つまりエジプト人による暴力からの解放を第一に語る。強調点はここにある。六・6には三つの動詞を用いて解放を、二つの言い方で強制労働を表現する。六・7は六・6の一部を繰り返していることにも注意せよ。ほかの点は二つの動詞によって示されている。六・7、8を見よ。解放によって主は民との関係に入り、民は主のものとなる。出来事の歩みは民にまさにこの経験を与える（六・7）。彼らが主に所属することは、先祖たちに与えられた約束が今の彼らにも有効であり、彼らにおいて実現することの意味である。約束された土地を所有するのは彼らである（六・8）。解放と二つの大いなる展望が結びついている。

モーセが伝えるべき福音において強調点のすべては「私は主である」の「私」である。主がまさに起こす行動は第一人称の主と結びつく七つの動詞と共に語られる。（主を意味する「私」による行動に関する過去形の発言である（六・8））。エジプトからの解放、シナイ山における契約締結、土地の贈与はいずれも全能なる主の恵みによるのである。モーセが始め召命を受けた時には、主は民全体を解放せず、絶望的であったが（五・23）、今は主がまさに七倍の熱意をもって行動すると、モーセは民の所に行って言わなければならない。六・2—8にある主の言葉を聞けば、それを二人称または三人称で表現すると典型的な信仰告白文になると誰でも同意するであろう。イスラエルの歴史に起こった大いなる救いの出来事が簡潔な文章にまとめられている。族長たちに対する啓示と約束（六・3、4）、エジプトにおける悲惨な強制労働から解放する主の憐れみ（六・5、6）、シナイ山における契約締結（六・7）、イスラエルの所有となる約束の土地に向かう荒野での導き（六・8）である（申二六・5―9参照例）。

第一幕間劇、モーセは再び民と出会う

六章

9 しかしその時モーセはイスラエル人に向かって言ったが、彼らは（もはや）モーセに耳を傾ける意志を持たなかった。彼らの気持ちはあの苦しい強制労働により暗く沈み込んでいたからであった。

主に命じられた任務にモーセはどう答えたのであろうか。読者は何も聞くことはできないが、モーセは新しい勇気を与えられて再び自分の任務と取り組んだ印象を受ける。次の短い情景はまたもや（六・9）、読者をモーセと民との出会いの証人とする。モーセは主に従って主の使信を伝えるが、何

の応答も得られない。彼の民は彼から何も聞きえないのだから（五・21参照）。重労働のため民は立ち上がる力を失い、とても話しかけられる状態ではなかった。「私は主である」と確証に満たされた七倍の強い約束を聞いた時も民は変わらなかった。モーセは孤独に戻ったと筆者は強調する。そして解放はただ神お一人の行為であると力説する。しかしイスラエルは解放の使信に耳を傾ける備えが全然なかった。

対話の展開

六章
10 そこで主はモーセに言った。
11「よろしい。ではお前はエジプトの王パロのもとへ行き、彼がイスラエル人を彼の国から去らせるように伝えよ」。
12 モーセは主の前にひれ伏して言った。「イスラエル人が私の言うことを聞かなかったのに、どうしてパロが口下手な私の言うことを聞き入れるでしょうか」。

場面が急に変わる。モーセは再び主と一緒にいる（六・10―12）。主はモーセに、パロの所に行き、イスラエル人をその国から去らせるようにと要求する任務を与える（六・11）。何も言わず、イスラエルの人たちの所に向かったモーセは今度は反応にまかせはしなかった。勇気と確信を与える使信を持って行ったのに、イスラエル人の中から何の応答も見出すことができなかったモーセはパロが自分の言うことをきく気はないなと思った。あまりにも過度な要求を持って行くのである。今度もイスラエル人を訪ねることになっていて、説得力をもって語るすべがなかった。モーセは命令の意味を疑い、命令そのものに当惑し、これを主に申し述べた。

読者も同じようにモーセと共に不安を覚える。あの最初の出会いが大失敗だったのに（五・1以下）、またあのパロの所に行かなければならない。なぜ主はそれほどパロを耐え忍ぶであろうか。神の使者の要求に対応する機会を二度もパロに与えるとは。モーセに誓った通りにパロに対して断固たる態度をおとりにならないのはなぜか（六・1、6）。何の効果もないのになぜ主はモーセに使命を与え続けようとするのか。約束はなさっても、主は本当に民を解放しようと思っているのか。約束は言葉だけではないのか。エジプトの暴力は決して終らないのではないか。約束の緊張は続き、六・13の話が中断されたことで高まっている。モーセの疑いと当惑に対して主がどう答えるか、読者はそれを知るまでもう少し待たなければならない。筆者は物語を中断してモーセとアロンの家系について語るが、これは少し後でもう一度出て来る。読者と対照的に筆者には時間が一杯あり、自分の都合でいつまでも道草を食うように話を長引かせるように見える（六・13—28）。

筆者はわざと物語の進行を遅くしているのではないか。六・2以下に書かれている所によれば、彼はここで二つの効果をあげる。a.六・2以下に語られた出来事は物語の緊張を高めている。なぜならあの出来事はイスラエルの解放実現に役立っていないし、とても出来事などとは言えないからである。b.物語にとって基本的な要素が更に強調される。主、そして彼のみがイスラエルの解放者であり、イスラエルに土地を与える者である。イスラエルはここで何の役も果たしていない。モーセは主の使者の役を果たす。彼は生来揺れ動く人間であって、今の自分の役目に向くように育てられてはいない。彼が解放の務めを果たせたのは、常に助けてくださる主のお蔭である。

第二幕間劇、モーセとアロンの系図

六章

13 主はモーセとアロンに言葉をかけ、二人をイスラエル人とエジプト王パロに遣わした。イスラエル人とエジプトの国から導き出すためであった。
14 部族の長老たちは次の通りである。イスラエルの長男ルベンの子はハノク、パル、ヘツロン、カルミで、ルベン（先祖）の子孫である。
15 シメオンの子はエムエル、ヤミン、オハド、ヤキン、ツォハル、サウロである。サウロはカナン人の女の子である。彼らはシメオン（先祖）の子孫である。

16 レビから生まれたこの名はゲルション、メラリである。レビは一三七年生きた。
17 ゲルションの子はリブニ、シミである。この子孫はレビの名で呼ばれる。18 ケハテの子はアムラ
ム、イツハル、ヘブロン、ウジエルである。ケハテは一三三年生きた。
19 メラリの子はマフリ、ムシである。彼らはメラリ（先祖）から生まれたレビ族である。
20 アムラムは自分の叔母ヨケベドを妻とし、アロンとモーセを生んだ。アムラムは一三七年生きた。
21 イツハルの子はコラ、ネヘグ、ジクリである。
22 ウジエルの子はミサエル、エルサヘン、シトリである。
23 アロンはアミナダブの娘でナハソンの妹エリサベを妻とし、ナダブ、アビラ、エレアザル、タマ
ルを生んだ。
24 コラの子はアシル、エルカナ、アビアサフである。彼らはコラ族（その先祖）である。
25 アロンの息子エレアザルはプチエルの娘一人を妻とし、ピネハスを生んだ。彼はレビ族の長であ
り、子孫はその名で呼ばれる。
26 アロンとモーセは主が「イスラエル人を部族ごとにエジプトの国から導き出せ」と言ったその二
人である。
27 彼らはイスラエル人をエジプトから導き出すためにエジプト王パロに向かって求めたあの二人で
ある。
28 これが、王がエジプトの国にいたモーセに言葉を語った時の彼の位置であった。

すでに言われたように、筆者は六・13で物語を中断する。横道にそれて（六・13—28）彼はモーセとアロンについて家系そのほかの情報を書く。六・14の導入形式から家系を追う。終りの形式はそれに対応している（六・25）。この系図には三つの要素が目立っている。

ルベンとシメオンの系図（六・14、15）が書き出しに続く。二人は同じ形式で登場する。そして六・16以下で述べるレビ族の位置をイスラエル諸部族の中で際立たせる。そしてモーセとアロンに関する誤解を避けるのである。二人はエジプトに来たヤコブの子孫であり、レビの子孫である（一・1以下）。純血のイスラエル人なのである。

六・16—19で筆者はレビの家系を書くのであるが、再び導入形式を用い、それに対応する形式で終る。ルベンとシメオンの場合は彼らの子供についてのみ語る。次に家系は第二世代に進む。

六・20—25で筆者はレビの第二子コハテの三人の子の系図を書く。ヘブロンについては何も言わない。ほかの三人の息子については六・18で名前を挙げたが、後で忘れずに順々に述べる。まずアロン（六・23）、それからコラ（六・24）、そしてエレアザル（六・23）である。比較しながら、すでに六・14—15と六・16—19で見たことを六・21、22、24はイズハルとウジエルの系図の先祖とし、イズハルの子コラの系図が物語の形式で報告されている。（妻たちも母親たちも同じ血筋でしかも良家の出である）。ただし決まり切った形で、つまり皆レビの子孫としている。アムラム（六・20）、アロン（六・23）、エレアザルのことが言及される。筆者は特にそのことに気をつかっているのであろう。レビの線上にコハテ、アムラム、アロンとモーセ、エレアザル、ピネハスが並ぶ。これが系図の赤い糸を形成していることは間違いない。更に初めの三人については生きた年数まで言われている。

筆者はモーセとアロンの先祖にだけ注目しているのではない。アロンの子や孫にまで伝えている。それによって系図はアロンの位置を目立たせる。先祖だけでなく子孫もアロンの偉大さと名誉に貢献している。

六・26―28で脱線は終る。なぜ系図を書くのか、なぜモーセとアロンがイスラエルとレビ族の中で特別な地位を占めているのか、その理由をはっきりさせる。読者はモーセとアロンが第一の者、ベストの人間ではないことにはっきりと気付くに違いない。しかし二人が特別な家系の人々であるとは主張できるであろう。二人は純血のイスラエル人、純血のレビ人である。人々が十分に信頼できる者たちを主は選んで用いるのである。筆者は、主がアロンをモーセの代弁者としてパロの前に立つ任務を与えたことを語る場合に、主がこの意味ある二人組にパロの前で自分を代表する仕事を授けたのだ、と読者が信じることができると確信している。

対話の道筋に戻る

六章

29 主はモーセに向かって言った。「私は主である。私はエジプト王パロに対して、お前に与えた言葉を語らせる」。
30 するとモーセは主の前にひれ伏して言った。「パロが口下手な私の言うことなどどうして聞き入れるのでしょう」。

七章

1 主はモーセに答えた。「よろしい。私はお前にパロに対する神の仕事を申しつける。お前の兄弟アロンがお前の預言者になる。
2 私がお前に託した言葉は、皆兄弟アロンに語らなければならない。それはパロがイスラエル人をその国から去らせるという告知の言葉であって、パロに向かって語られる。
3 しかし私はパロの心を強情にする。それは多くのしるしと奇跡をエジプトの国で現わすためである。
4 それでもパロはお前に聞き従うことはない。私はエジプトに恐るべき力をさし向け、厳しい罰を
加えて私の種族、私の民イスラエル人をエジプトの国から導き出す。
5 エジプト人は、私が主であることを知る。私がエジプトに痛烈な力をつかわし、その只中からイ
スラエルを導き出すからである」。

四・10—12、15—16によれば、モーセは自分の口下手について述べた所見（六・12）と神の答（七・1、2）をよく心に留めている。筆者は由来の異なる並行資料を使用した。その上四章ではアロンには同胞のためにモーセの代弁者の役目を割り当てた。しかしここではパロに対する代弁者の役目である。

モーセとアロンの出自に関する既述の説明に続いて六・29で物語の道筋に戻る。しかし前に中断した所（六・12の終り）から正確に再開するわけではない。ただ読者のために二歩後退してこの場面の初めに（六・10）戻る。新しく始めるけれども、六・29—30で六・10—12の物語をそのまま繰り返すのではない。「私は主である」を強調して主は語り始める（六・29）。しかしモーセはイスラエル人との暗い経験については沈黙している（六・30）。筆者は二人に新たに事を始める機会を与え、自分たちの初めの言葉を修正するよううながしているかのようである。「モーセよ、主の名を持つ神がお前の後についている。パロに会う場合もそうだ。よく覚えて置きなさい」と主は強く言う。モーセは自

ら深く考え直し、イスラエル人の拒絶を証拠にして自分の言葉の無力さを言い立てることは間違っていると気付く。彼がいかに口下手であってもなおパロの前に行かせようと主が願い続けている。それがモーセを当惑させる（六・30）。主はモーセの提起する問題に答えようとする。そしてモーセ自身ではなく、アロンを通して、やはりモーセが民の解放をパロに主の要求として突きつけるのである（七・1以下）。そして読者はもう一つのことをはっきりと知る。偉大なモーセは事実上自分が使命を果たし得ない者であることを自覚し、主の絶えざる介入のお蔭でようやくパロの前に対抗して立つ役を果たしうる人間であることを。

主はモーセの投げかけた問いに答える以上のことをした。まさに起こる一連の出来事について主がモーセに知らせたのである（三・19以下、四・21以下参照）。その認識は神の側から来る励ましである。パロがモーセとアロンの要求を受け入れないであろう（七・4）。しかしパロの拒否に失望する必要はないと主は告げた。主がそのように図らうのだ（七・3）。そこには主の意図がある。エジプト人におびただしい災害をして圧力を加え、イスラエル人を導き、エジプト人に主の圧倒的な力を知らせる（七・5参照、九・15、一一・9以下）。この最終的目的を果たすために、主はイスラエルの解放をいわば延期したのであった。主の力を広く知らせるためにこそ、主はたちまちにイスラエルを解放することはせず、むしろパロとの長期にわたる対決の道を決めていたのである。主は、将来の出来事が事情に暗い者たちによって安易に不運と解釈されないように、それが主の戦略として受け取れるようにモーセに教えている。初めから終りまで状況を支配しているのは主である。解放の栄誉はすべて主に、主にのみ帰せられる。イスラエルに関してパロにいかなる積極的貢献をも主は認めない。パロが解放に協力したなど一言も言わせない。読者はモーセと共に励まされつつ将来の出来事を展望することができる。以上のすべては七・3—5の物語に響く主の「私」を背景にしている。主は二度も脱出を起こす者は自分であると語る（七・4、5）。まさに起ころうとしているエジプト人への災害のただ中で脱出の出来事以上に主の言葉が目立っている。災害は四回にわたって変化しながら繰り返される（一回七・3、二回七・4、更に一回七・5）。読者は期待に満ちて来るべき出来事に目を向ける。されど歴史は遂によい方向に向かって展開するのであろうか。主はついに力強く行動してくれるのだろうか。

第三幕間劇、将来の展望

七章

6 モーセとアロンは主が命じた通りに行動した。
7 モーセが八〇才になり、アロンが八三才になった時に二人はパロに向かって言った。

筆者はもう一度物語の流れを、少しではあるが中断する（七・6—7）。註のような形で主の命令に対するモーセとアロンの反応については読者はすでに知っている。主はモーセに歴史の進展に対する洞察を与えた（七・3—5）。モーセとアロンは主の命令に心から身を捧げて従い、起ころうとする出来事において果たす役割を全うした（七・6）。二人は成熟した人間になったに違いないと読者は十分に予期できるであろう（七・7）。筆者は中間にこのような指摘を入れて、将来に対する安心感を与えている。主がモーセに与える情報と筆者がモーセとアロンについて与える情報によって、読者の心はかなり落ち着き、しかしなお緊張しつつ聖書本文を読み進むことができる。

対話の結果

七章

8 また主はモーセとアロンに言った。
9「パロはお前たちに言うであろう。『一つずつ奇跡を行なって証明して見せよ』。その時アロンに言え。『杖を手に取り、パロの目の前に杖を投げよ』。すると杖は蛇に変わるであろう」。

以前モーセが杖のしるしを自分の民の前に現わす機会があった。今やモーセはアロンに奇跡を実行者としてしるしを行なわせる。四・2—4を見て確かめよ。

七・8には主とモーセの対話が描かれている。主がモーセを力づけるために与えたアロンは（七・1以下）今、登場する。主はパロに対する使命を果たせるよう二人に十分な装備を与えた。モーセの口下手の問題について主は十分に配慮する。主自ら行動してモーセの責任を負う。パロが、イスラエル人の解放を要求するのはモーセ自身の動機によらず、神の使者としての要求である証拠を、つまり使者の言葉が神の言葉である証拠を求めた時、モーセはどうすればよいのか。その時、神の奇跡行為者としてのアロンによって、モーセ自身が力ある唯一の神の代理者である正統性を主張すればよいのである。アロンの杖を投げる時、杖は蛇になる。二人の背後に力ある神が立っている証拠である。何と二人は生と死を意のままに支配できる力を与えられているのである（七・9）。

パロとの対決、その二

七章

10 そこでモーセとアロンはパロの所に行って、主が命じた通りに行なった。アロンはパロの家臣たちの目の前に杖を投げた。すると杖は蛇に変わった。

11 しかしパロは自分の番になると熟練の魔術師たちを呼んだ。エジプトの魔術師たちは彼らの術を用いて同じことをやってのけた。
12 彼らが自分たちの杖を順に投げ出すと、杖はみな蛇に変わった。しかしアロンの杖は彼らの杖を呑み込んだ。
13 それでもなおパロは頑として聞き入れなかった。パロは二人の言うことを聞かなかった。主が告げた通りであった。

次の場面は（七・10—12）、前の出来事とはまったく違った状況を見せる。遂に事態は最悪である。主の励ましと指示は何の効果もなかった。モーセは今はアロンと一緒に主の命令に従ったのであるが、最初から挫折してしまう（六・11以下）。対話は終ったが、物語は進む。モーセとアロンはパロの宮廷に立ち、イスラエル人を彼の国から解放するように要求する。主が彼らに命じたように要求した。簡潔な描写である。主が預言した通りに事は進んだ。パロは二人に身分証明の呈示を求めた。二人は狼狽せず主のよき指導の下に切り抜けることができた。彼らは余裕をもって対応した。アロンはパロとその家臣団の目の前で蛇の奇跡を行なった（七・10）。筆者は短くありのままに語る。ただしそこに登場する者たちの反応や感情については何も言わない。しかし読者の想像はかき立てられる。パロが身分証明を求めた時、緊張は高まる。杖は本当に蛇になるのだろうか。奇跡が起こるとき、読者は安堵してモーセとアロンを見る。二人はパロと家臣団の前で勝利しているかのようである。彼らは試練に耐えた。二人は権威をもってパロに語っている事実をパロは認めなければならない。しかし読者の喜びは束の間である。パロが答えたが、モーセとアロンを認めたからではない。モーセがアロンに蛇の奇跡を命じたと同じように、パロも彼の魔術師たちに命じ、彼らはアロンと同じことを行なう(七・11、12a)。今やパロが勝利者のように見える。パロは同じ奇跡を何倍も行なわせることができる。モーセがしたことはパロがさせたことによって無にされた。読者はそこに起こっていることを見て冷水をかけられる。魔術師たちの蛇によって示す圧倒的な力はモーセとアロンが一匹の蛇によって示す奇跡を水泡に帰したかのようである。そうではない。最悪の事態は魔術師たちの行為によってパロがモーセとアロンの要求を受け入れず、主の前に敗北を認めない決断に身をまかせたことであった。確かにパロはモーセとアロンより偉大であり、従って彼らの神にまさっている事実をはっきり見せつけた。読者は暗くなるほかはない。パロは圧倒的に強いのか。主はまるで反対のことをうけあっていたではなかったか。読者は何が起こっているか見るがよい。あの一匹の蛇、そう、アロンの蛇がそこにいて、ほかの蛇を次々に呑み込む(七・12b)。主がパロに打ち勝った証拠である。しかしアロンの奇跡の背後に立っているのは主であり、魔術師たちはまじないを用いたに過ぎない(七・11)。パロは顔をゆがめてそこに立ちつくす。読者は喜びに湧く。しかしそれは消えていく。予想もしなかった解決に続いて、パロは主の権能があれほど鮮やかに示されたのに心を頑なにしたままである(七・13)。パロの反応は読者の密かな期待に反している。それでも読者はパロの態度にうろたえることはない。読者は希望のしるしの証人であり(七・12b)、パロの拒絶が主の戦略の中に折り込まれていることを疑わないからである(七・3以下)。

パロとの第二回目の対決とその結果は、第一回目の対決とその後の描写に比較すると簡単に描かれる（五章）。その再現は極めて簡潔である。筆者はアロンとパロの魔術師たちとの「勝負」だけを書く。そのほかのことは振り返るようにしてパロ対モーセとアロンの出会いについて言うが、特別な言い方ではない（七・10ａ）。必要最小限の叙述に自己限定している。クライマックス（七・12ｂ）に続いて、パロが依然として強情であると言う。モーセとアロンの退出や魔術師たちの敗退については書く必要がなかったのであろう。

七・10—13では、主が大砲を用意する以前、パロが好意的反応を示す余裕があったように描かれている。主はパロに二度目のチャンスを与える。忍耐強く民の解放を求めるモーセとアロンに承認を与える可能性をパロに提供している。筆者の簡潔な書き方からすると、主の忍耐は無制限ではないと読者に感じさせようとしているかのようである。主とモーセとの対話の描写がかなり詳しかったこと（五・22—七・9）に比べると、パロとの出会いの描写は簡単である。モーセのために主は沢山の時間を使う。しかしパロの預金残高は少ししかないように見える。筆者がイスラエル解放の実現を急がせているかのようだ、とこの叙述の簡潔さから読み取れるかもしれない。物語が動き出すと、パロに与えられた第二の機会に多くの関心を向けないのである。そうすることはパロに過大な尊厳を与えることになる。今や、言葉によってイスラエルの自由を命じることは無駄であるとばかり、筆者は先を急ぐ。主がイスラエルの解放を本気で要求している事実を行動で示す。それはパロに逃れようもなく迫っている。読者にすれば、解放の時が遅れてしまい、待ちに待った瞬間である。今や、そして今もなお、パロはすすんで応じようとはしないが、夜明けの時が来たのである。

七・13は六・1で見た地点に読者を引き戻すと言ってよい。主は力強くパロに迫る。ただ違いがある。七・13ではモーセとイスラエルが「どん底」と言うような状態ではない所に来ている。七・10―13のモーセは五・22以下のモーセと同じではない。七・10―13のモーセは主によって新しい勇気と教えを受けたモーセであり、パロと顔を合わせて対決しても、神公認のアロンが協力者として加わっている。主の力づけが空しく終ることはない。モーセとアロンは今やパロに対抗するすべてを備えている。彼らは勇気と希望の証人である（七・12b）。パロは依然として解放の要求に応じないのであるが、あの多くを語る奇跡の後のモーセにとっては、すっかりうろたえて主に泣きつく理由はゼロであった（五・22以下参照）。主は確かに自分の最高の権威をモーセに示したのだから。その上、パロはもはや五・1以下のパロではない。反抗はするが、モーセとアロンに出会ってからはイスラエルの民に対して過去の手段を用いることはしない。だが、あの奇跡がパロに決定的な効果をもたらしたかのようである。要するに、七・13を読めば、誰でも慎重な楽観主義者になるであろう。族長たちに与えられた約束通り、イスラエルはエジプトから解放され、自分たちの土地を必ず所有するに至るであろう。この希望は実現すると。

圧迫されるパロ　七章14節―一一章10節

七・11―一一・10には一〇箇の災害のうち九箇の災害が順次記述される。最後に「九箇の災害の洞察」の表題で七・14―一一・10の大筋に光を当てる。

水が血に変わる

七章

14その時主はモーセに言った。「パロは強情である。わが民を去らせない、拒否する。
15明日の早朝、パロのもとに行け。彼はいつもの通り水場に来る。その時お前は川の岸辺で彼を待て。蛇に変わった杖を手に取り、
16彼に言え。『ヘブライ人の神、主は私をあなたの前にお遣わしになった。そして言われた。わが民を去らせよ。荒野に行って私に礼拝を捧げるためだ。しかしお前は聞き従おうとはしなかった。
17主はこう言う。お前は知らなければならない。私が主であることを。私モーセが手に持つ杖で川

を打てば、水は血に変わり、
18 川の魚は死ぬ。川は臭くなり、エジプト人は嫌悪を覚えて川の水を飲まなくなるであろう』」。
19 また主はモーセに言った。「アロンに言え。『杖を手に取り、エジプトの水を打て。その運河、支
流、池、貯水場を皆打て。エジプト全土の水は血に変わる。どんな石や木で作った容器の水に至
るまで』」。
20 モーセとアロンは主が命じた通りに行なった。彼が杖を振り上げパロと家臣たちの前で川の水を
打った。すると川の水は皆血に変わった。
21 川の魚は死んだ。川は臭くなり始め、エジプト人は川の水を飲むことができなくなった。血がエ
ジプト全土を覆った。
22 エジプトの魔術師たちも彼らの妖術を用いて同じことを行なった。だからパロは強情を通して、
主の預言通り二人に聞き従おうとしなかった。
23 パロはその場を去って自分の宮廷に戻った。彼はそこでも態度を変えなかった。
24 しかしすべてのエジプト人は川の岸に集まり、水を飲もうとした。しかし川の水を飲むことはで
きなかった。
25 主が川を打ってから七日が過ぎた。

第一の災害はモーセのしるし（四・1―9）と同じように変化を特徴としている。手に持った杖で水の

表を打ったので、水が血になった（四・9）。水はもはや飲めなくなった。この点が非常に強調されている。魚が死んで臭くなったことが変化の原因であるが、魚の消費がどうなっていたのかははっきりしない。生と死の対比は明瞭に記述されている。命の源である水が汚染の元になり、大地は死の世界になった。災害は、主には生と死を支配する力が主にあるという（七・17）事実を示す目的がある。だから禍いは主の求めに従順にし、イスラエルを解放するようにパロに強く迫る手段なのである。

主がモーセに与える教示から筆者が読者に対して明らかにしているのは（七・14―19）、主がモーセに状況を説明し、七・13から読者も容易に判断できるのだが（七・14）、パロのもとに行くように命じ（七・15―18）、アロンにも命じ（七・20、21）、魔術師たちが予告なしに突然登場し（七・22a）、災害の結果が一つ描かれ（七・24）、災害の期間を報告して終る（七・25）、ということである。

第一の災害についての記述は文章と用語の点で均等ではない。七・14―18ではモーセは次の命令を受けた。川の岸辺でパロが見ている前で水を打つ。すると水は血に変わる。変化は川に関係している。七・24と一致する。エジプト人は川まわりに水を求める。七・19では命令の実行ではなく、新しい教示が続く。それは部分的には前の命令の附加修正ではあるが、全体的には同じではない。杖をもって災を起こすのはモーセではなくアロンである。モーセがアロンに杖をエジプトのあらゆる水の上に差し伸べるように命じる。その結果、水は血に変わる。七・20ではモーセとアロンが一致して主の命令に従って行動したと言うが、実際にはその行動はある程度違っている。アロンが水の変化を実現させたのは魔術によって杖を差し伸べたからではなく、水と川を上から打ったからであるが、それはモーセに与えられた主の命令ではっきり名指しされている（七・17）が、アロンに与えられた教示にはない（七・19）。しかしアロンによって起こされた変化とそれに伴った結果は（七・21）モーセへの告知（七・18）と一致している。七・21の最後の言葉によれば災害は全エジプトを覆って広がり、七・20と一致している。アロンへの命令はパロの宮廷で実現し、重臣たち（七・20、七・10参照）と魔術師たち（七・22、七・11参照）の言及は共に宮廷である。けれども今の写本では前の奇跡は川で起こり、対照的に魔術師たちも同じ奇跡をそこで行なったと述べている（七・22）。つまりこの文脈ではアロンに関して報告されている行動ではなく（七・19）、彼が実際に行なった行動が取り上げられている（七・20）。多分この描写は別の物語資料からここに混入している結果であろう。

これでわかるように七・14―25は第一の災害について二つの違う資料が完全とは言えない形で組み合わされている。a.川の岸でモーセはパロに会い、水を血に変える。b.モーセとアロンが宮廷に行き、アロンがエジプトの水をことごとく血に変える。二つの組み合わせによってa.とb.が互いに入れ込み、補い合い、b.は強硬な文章となり、量的に言えば占める場所は狭いが（七・19、20a、22）、重要性の点では最終的な形となった。朝早く重臣たちを従えて（二・5参照）、パロがいつものように川で水浴びをするその場所に、主の命令によってモーセとアロンは杖をもって現われる。パロは主の名によって語りかけられ、災が預言される。アロンは杖を持って川の水を打ち、その災を招き起こす。その結果エジプト中の水はすべて血に変わる。パロの魔術師たちも同じことができたので、パロは考えを変えない。その場を離れて宮廷に戻る。

a.はそれ自体恐ろしい情景が内容である。川は血と死んだ魚に満ち溢れ、耐え難い悪臭を放ち、そのためにエジプト人は吐き気をもよおし、川から水を飲むことはできなかった。この川の近くの住民たちは、普段はこの大いなる水の供給源から、うんざりするほどの水を汲んだのに、今は飲み水を探し求めなければならない（七・18、24）――これは皮肉と他人の腹痛を御馳走とする根性の味がする――。エジプト人は皆飲み水を求めて大いに苦しむ。彼らは倒れんばかりに疲れ果てた（七日間）。それは何とも不愉快なことであったが、やってのけられた。

この読み方によれば彼らは悲惨というより愚かしい有様であった。一滴の水もすべて血になっている。飲み水を求める努力もまったく空しい。全国土の水は汚染されて住めない所となった。奇跡は際限なく広がり強化される。パロの反応は、信じられない、考えられない程のものである（七・22、23）。この状況でもパロは大真面目で頑なさから離れない。常軌を逸している。何が起これば彼は変わるのであろうか。

この問いが読者の心に浮かび離れないであろう。モーセ、アロンとパロと重臣たちの出会いの証人でもある読者を筆者は、以前一連の出来事があったこの川のほとりに導く（一・22、二・2以下）。読者は目の前に広がる血の海を見て恐怖に襲われる。出会いがまたもや二人対大勢、つまり一方にモーセとアロン、あちらはパロの魔術師たちの対決（七・22）に変わったのだから、落胆が彼をとらえる（七・10―12参照）。しかも今度はモーセとアロンが魔術師たちに勝てず（七・12）、一見戦いは引き分けに終り、パロは決意を固め、無傷で勝ち誇って引っ込むかのように見える。確かにそれは外見だけだと読者は理解する。エジプトの知者たちの成功は結局は混乱の増大とパロに対する重圧の倍増に終るのだから、読者はほんの少しだが、他人の不幸を喜ぼうとする気持を押さえることができない。読者がパレスチナの住民であるとすれば尚更である。パレスチナでは飲み水は絶えず心配の種であり、エジプトにはあり余るほどあるのに、今や水を求めて疲れ果てている様子を見ているのだから(七・24)。しかし喜ぶ理由は消えた。七・12と比較せよ。パロは一種の回復基調にある。モーセとアロンが主の支持を得て、自分たちの奇跡の力が魔術師たちの呪文によるものではないという事実から読者の慰めは来る(七・22、七・11参照)。七・24で筆者はもう一度主の力の関与を特にほめたたえる。主の全能がエジプト人に試練の水を最後の一滴まで飲ませた。絶望の理由はない。パロの拒絶は主がすでに知っている所であった(七・23)。

蛙

七章

26 そこで主はモーセに言った。「パロのもとに行って言え。主はこう言う。『わが民に自由を与え、
私に礼拝を捧げさせせよ。

27 もしそうさせないなら、私はお前の全地を蛙の災をもって打つであろう。
28 川は蛙で溢れ、川から上がってお前の宮廷に入り込むであろう。お前の寝室にもベッドにも、家臣の屋敷、民の家々、かまど、こねた練り粉をも襲うであろう。
29 蛙はお前にも、国民にも、臣下にもすべて襲いかかるであろう』」。

八章

1 それから主はモーセに言った。「アロンに言え。『手に持つ杖を川に、流れに、池に向けて差し出せ。全エジプトに蛙を呼び出せ』」。
2 アロンがエジプトの川に腕を突き出すと蛙が出て来てエジプト全土を覆った。
3 魔術師たちも妖術を使って同じことをした。彼らもエジプト全土に蛙を呼び出した。
4 しかしパロはモーセとアロンを呼んでこう言った。「主に願ってわが民の前から蛙を消してくれ。そうすれば私はお前たちの民がこの国を出て、主に犠牲を捧げることをゆるそう」。
5 モーセはパロに答えた。「それはありがたいことです。私があなたと家臣と民のために、あなたの宮殿から、川から蛙がいなくなるように祈るのは、正確にいつですか」。
6 「明日の夜明けだ」とパロは答えた。するとモーセは確約して言った。「お命じになった通りに(それは起こるでしょう)。その時私たちの神、主に並ぶものがないということをあなたは悟るでしょう。
7 蛙があなたと宮廷と家臣とエジプト国民の間から消え去るからです。ただ川の中には残るでしょ
う」。
8 それからモーセとアロンはパロの前を去った。そしてモーセは、主がパロの前に呼び出した蛙の
ことで主に祈った。
9 モーセが宣告した通りに主が実行した。家々と宮廷と畑の蛙は皆死んだ。
10 人々は死んだ蛙を次々に山と積んだ。そのために国中が臭くなった。
11 その時パロは助かったと思い、頑固に頑なを続けた。主が言った通り、パロはモーセたちに聞き
従わなかった。

第二の災害はエジプト全土の汚染が主題である。アロンの嘆願によってエジプトの水の中から蛙が現われエジプト全土を覆い、家々に、パロ自身の宮廷と家臣たちの住居に入り込み、全国民に襲いかかる。人も国土も汚染された。ひれも鱗もない両生類の生き物はイスラエル人にとっては汚れた生き物である事実を考えよ（レビ一一・10以下、41）。彼らの目に第二の災害は恐るべきものであった。川だけでなく、大地もすべて汚された。この第二の災害も、主が死と滅びをもたらす力の持ち主であることを示すことが目的である。主は生き物をも武器として使うことができる。それ以上である。古い秩序を取り戻すことすら可能である（八・9、四・2—7参照）。主は生と死を支配し、万物はその権威に服従する（八・6）。主に対する服従が要求される。この災害はパロにその洞察を求める圧力である。

第二の災害は文学的に構成されている。八・1はモーセに対する主の命令をモーセが実行したのではない。モーセに与える新しい命令である。アロンも登場する(八・1以下)。多少異種の資料の組み合わせであるが、かなり同質の物語として読むことができる。モーセは災害を告げにパロの所に行くよう命令を受ける。モーセが実行したとは書かれていない。筆者は特に必要を感じなかったのであろう。モーセがアロンと共に命令を実行する忠実な僕であることは明らかである。モーセの言葉をパロが聞き入れない時、主はモーセに語る。主自らモーセと最初に出会った時に告げ(七・27)、今パロに予告する災害をどのように起こすのか知らせる。アロンはモーセの魔術師のように行動することになるが、そのことは書かないので、読者はすぐにアロンの行動を見る(八・2)。そこにはパロとパロに呼び出された魔術師たちがいる(八・3)。八・4からわかる通り、モーセとアロンの行動に続いて話は進む。八・2を見た目で見れば、現在の本文では魔術師たちがどのようにアロンと同じことを行ないえたのかはっきりしない(八・3)。

筆者は、主がモーセに与えた命令を記してまず一連の出来事を明らかにする(七・26―八・1)。その後めまぐるしく変わる情景を描く。アロンと魔術師たちの活動(八・2、3)、再び呼ばれてモーセとアロンはパロと出会う(筆者は対話形式を用いて両者の出会いを大写しにする)(八・4―7)、パロのいない所でとりなしの祈りを捧げるモーセとアロン(八・8)、その祈りに答える主(八・9、10)、パロの反応(八・11)。

災害がパロに向けられていることははっきりしている。パロ自身が犠牲である（七・28以下、八・4）。その上、「お前たちの」（七・27—29、八・5、7）と「わが」（八・4）の語が繰り返し用いられていることから、重臣たち、エジプト国民と全土、かまどとパン用こね鉢そしてパロ自身を襲うことが表現されている。

災害の予告と到来は補い合い、それが極めて具体的に恐ろしいものとして描き出されている。エジプトの水の中から蛙が湧き出し、全地を覆う。家々の入口で止まらず、中にまで侵入し、奥の個室も襲う。蛙は床に居座るどころかベッドにものぼる。誰一人逃げられないし、パロも逃げられない。彼は獲物であり、昼も夜ものがれられない。何者も蛙の攻撃を止めることはできない。普通なら乾いた所や熱気を避けるのに、今はかまどの中にまで入り込む。パン用こね鉢も難なく占居する。要するに人は汚れたパンを食べるように強いられる（レビ一一・29参照）。食欲は奪われる。おびただしい数の蛙が人々のまわりにはりついて離れない。見境なしに誰にでも飛びかかる（七・28以下）。国はもはや生活の場ではない。こういう有様を極端な程誇張して描こうとする。

エジプトを襲った不幸について印象深い説明を聞き、読者はある喜びを感じるであろう。恐怖におののくパロと家臣たちを見よ。他人の不幸を見る喜びを押さえられようか。パロがもう少し賢ければよかったのに。読者は主の奇跡の力に深く感動する。

筆者によってアロンはパロの宮廷に移され、そこで奇跡を行なう姿（八・2）を見る読者は、パロの反応はどうかと緊張しながら目を移す。そこに魔術師たちが現われるので読者はまたもや大いに不安になる。今まで彼らのお蔭でパロは屈服しなかった（七・11以下、22参照）。またもや見たところ引き分けに終るのか（八・3）。二人対多勢の対決を読者は目撃する。パロが聞き従うことはない、と読者は同じパターンを予想する。しかしパロの反応が違うことに驚かされる。魔術師たちの成功は混乱を大きくするだけで、彼らからは決して助けを得ることはできないとパロが悟るのである。彼はモーセとアロンを呼び寄せて主にとりなしてくれるように要請した（八・4）。彼にはもはやいかなる策もない。ただ偉大な敵対者である主の助けを求めるほかはない。読者は驚き、喜ぶ。まったく予想に反してパロは変化した。モーセのとりなしにより災害をもたらす者が主であり、モーセがその使者であることを知ったパロは初めて、主を無視することはできなかった（五・2参照）。自分の願いを聞いて貰いたいと心から願った（八・8）。読者は新しい思いをもって物語を追う。モーセは寛大な心をもってとりなしの祈りと災害の停止の時をパロに選ばせ、後々主の救いに逆う一切の可能性を奪った。モーセと共に読者は確信する。敵の選んだ瞬間に起こる救いとその特徴は、蛙だけが川から死に絶えてしまうという主の比類なき、反論不可能な証明と状況支配であると（八・5—11）。だから読者は主の偉大な奇跡力をあらためて示された。これからどんなことが起こるのか、きわめて楽観的に展望するのである。

モーセが祈っている時、彼がパロに予告したことが起こる。突然災害が終る。瞬時に蛙はみな死に絶えた。主は以前の秩序を回復した。実際はそれ以上のことが起こった。家々、宮廷、そして全国から蛙が消えた。今まで人々は蛙を追い払うことができず、蛙のなすがままであった。主にとって不可能はない（八・9）。無数の蛙の死骸と刺すような悪臭はあらためて災害の恐ろしさと、蛙の消滅に示された主の厳しさを読者に見せている。熱帯地方の猛暑で蛙の死骸が腐敗する時の悪臭はとても言葉では表わせない（八・10）。また蛙の大量殺りくという不愉快な結果からパロは少なからず衝撃を受けた。そしてパロに反抗した者たちを救う主が、同時に自分を罰していた事実を学んだであろう。今ようやくパロは賢くなり納得してイスラエル人を解放するであろう。だがパロの改心は一時的で、災害が去るとその改心は消えてしまう。主の救済の手は非常に印象的だとはいえ、パロを主に従わせるはずのものではないのは明らかである（八・11ａ）。まったく予知できないわけではないが、読者はこの結果に失望する（八・11ｂ）。もちろん将来の希望を失ったわけではない。もっと大きな圧力がかかれば、パロの不屈の決意も必ず揺れ動くことははっきりしているのだから。

しらみ

八章

12 それから主はモーセに言った。「アロンに言え。『お前の杖を差し伸べて大地のちりを打て』。そ
うするとちりはしらみになってエジプト全土に及ぶ」。
13 彼らはそのようにした。アロンは杖を手に持って差し伸べて大地のちりを打った。するとしらみ

が現われ、人も動物も襲った。大地のすべてのちりはしらみとなってエジプト全土を覆った。
14 魔術師たちも彼らの術を使って同じことを試み、しらみを出そうとしたが、彼らはできなかった。しらみは人にも動物にもたかった。
15 その時魔術師たちはパロに言った。「ここには人知を越えた力があります」。しかしパロはなお強情であった。彼はモーセとアロンに従おうとしなかった。主が前に告げた通りであった。

この部分の解釈では普通言われている蚊ではなく、しらみの災害である。災害はエジプト人と家畜に死と滅びをもたらした。まず第一の災害とモーセのしるし（四・1―9）と同じように第三の災害も変化を特徴としている。アロンの不思議な行動によってエジプト全地のちりはしらみに変わり、それは人と獣を死に至らせる。おびただしいしらみの存在によって人はもはやいかなる思いも持ちえない。しらみは人と動物の血を吸い、深刻なかゆみを与えた。皆病気になり汚れた（レビ一一・20以下、41参照）。国中しらみで溢れ、人は死んで山と積まれた。第三の災害は第二の災害とは対照的であるが、起源は水の中にあるのではなく大地にある。そこには主が死と滅びの種を播く力を持っていることを示唆している。表現されてはいないが、第三の災害もパロが主を知り、従順に至らせようとの目的を持ってパロに圧力をかけている。

筆者はただちに本題に入る。主がモーセにパロの所に行って「民を解放せよ。そうしなければ災が下る」と告げるように命じたとは言わず（七・14以下、26参照）、アロンに告げるべきことを命じる。

そのほかのことは読者の想像にまかせる。主の指示はどのような状況下でモーセに与えられたのであろうか（七・19、八・1）。パロの近くで、魔術師たちが再び現われる、と読者は想像するだろうか（八・14以下）。

物語が八・15から八・16に急に変わるのは恐らく資料がいろいろあったからであろう。その結果、第二の災害に続いてすぐに第三の災が来る。パロは前言をひるがえす（八・8、15）。多くの言葉を空しく口にする所にポイントがあるわけではない。パロは自分の行動の結果を見て安堵する。パロが災害の犠牲になったとは言っていない。「人」と「動物」（家畜のことであろうが、被害を受けたと初めて言われる）のことが語られるが、支配者と民衆は不可分の運命共同体であることの表現である。

モーセに与えた主の命令を語りながら筆者はパロに対する次の攻撃を示唆する（八・12）。そして命令がどのように実行されたのか話を続ける。「彼らはこのようにした」（八・13ａ）と言い、アロンの行動だけを示す。アロンはいわばモーセの魔術師である。術を使うかのようにして杖で大地を打つ。細かい地のちりはしらみに変わり、地の上の生き物は絶える。地のちりだけでも生活を妨たげる。目に見えるほこりとなって舞い上がり、それが破壊的しらみとなって人と生き物にたかりつく。災害は更に災害を産む。災を記述しながら、命令は（八・12）忠実に執行されていく（八・13）。筆者は災害が奇跡であり深刻であると強調する。信じ難く恐ろしい光景を誇張していると思うほど生々しく描く。大地にはしらみしか見えない。しらみだらけで人も獣も攻撃され傷つけられる（八・13）。

エジプトの悲惨な姿を見て読者は悪意のほくそ笑みを押さえることはできないであろう。パロは二度と再び自らの言葉をひるがえすことはないだろう。主の奇跡的力に打たれ、恐ろしい惨状に直面し、パロが心を変えることはないであろう。魔術師たちが現われた時、読者は不安にかられる（八・14以下）。彼らの出現でパロは以前と同じ道に戻るのだろうか（八・3以下）。しかしこの度は予想外の展開となった。二対多勢の不均衡な抗争において魔術師たちは敗北を認めるほかはなかった。彼らの魔術が効かないのである。どんなに努力しても彼らは何もできない（八・14）。彼らはかぶとを脱いだ。彼らは妖術を使ったが、彼らの力は及ばない。思いがけないことが起こり読者は勇気を得る。魔術師たちが口を開いた。読者は初めて彼らの声を聞く。彼らの妖術は失敗であった。彼らはその説明を始める。何をしたらよいか、どう考えたらよいかまったくわからず、彼らがこの度見た奇跡は人知を越えていることを認めた。モーセとアロンが神の使者であることを承認した。モーセの言葉の権威を認めるほかなかった。パロは今まさにこの家来たちの証言を聞いている。モーセとアロンの神が主であることに議論の余地はない。すべての栄誉を帰すべきであると、臣下が言っている。

魔術師たちの告白を聞いて読者は心配そうにパロの反応を待つ。賢者たちが全面降伏する時、パロは同じようにするだろうか。パロの反応に失望する。彼は何ひとつきかないと折り返し文が響く。この反応は予想できないものではなかった（八・15b）。第三の被害は読者を失望に終らせるものではない。それは何事かを成し遂げている。魔術師たちの降伏である。パロは逆らい続けるだろうが、彼らなしである。強情を続けるが彼らと彼らの議論の助けは何一つ期待できない。

あぶ

八章

16 そこで主はモーセに言った。「明日の朝早く起きてパロの前に行け。彼はいつものように水場に
来る。彼に会って言え。主は言う。『わが民を去らせ、私に礼拝を捧げさせよ。
17 しかしお前はますますわが民を去らせないであろう。だから私はお前と家臣と国民に、お前の家
にあぶを送る。エジプト人の家も彼らが生活する大地もあぶが溢れるであろう。
18 しかし私はゴセンの地は例外とする。そこにはわが民が住んでいる。あぶはそこには行かない。
やがて私が主であることをお前は知るであろう。
19 私はわが民とお前の民との間に区別を設ける。明日の朝早くそのしるしが起こるであろう』」。
20 主はそのようにした。大量のあぶが発生し、パロの家、家臣の家にやって来た。そしてエジプト
全土に及び、そのために国は滅んだ。
21 そこでパロはモーセとアロンを呼び出して言った。「仕方がない。お前たちの神に犠牲を捧げよ。
ただしこの国の中で」。
22 しかしモーセは答えた。「そのようなやり方は通りません。私たちの神である主を崇めて捧げる

犠牲はエジプト人の間に嫌悪を生みます。エジプト人の間に嫌悪を生む祭儀犠牲を彼らの目の前
で捧げれば、彼らは私たちを石で殺さないでしょうか。
23 三日程離れた荒野に滞在して私たちの神である主の前に犠牲を捧げます。この犠牲は主が私たち
に定めた条件に従うものです」。
24 するとパロは言った。「では私はお前たちを去らせてお前の神である主に荒野で犠牲を捧げるこ
とを許す。しかし遠くまで行ってはならない。私のために祈りなさい」。
25 モーセは答えた。「私があなたの前から出て行ってからすぐに私は祈ります。そうすれば明朝に
は、あぶはパロとその廷臣とその民の間から消えます。あなたは私の民を欺いて国から出さず、
主に犠牲を捧げさせないようなことを二度としてはなりません」。
26 モーセはパロの前を離れて行き、主に祈った。
27 主はモーセが祈ったようにした。あぶはパロと家臣とその民の間から消えた。一匹残らず。
28 しかしパロは今度も心を頑なにした。彼はあの民を去らせなかった。

ここでは多くの人が考えているような蝿と解釈しない。あぶの発生である。第四の災害はパロと家臣と国民、つまりエジプト全土に死と滅びをもたらそうとした。人と国土は、あぶによる殺戮の場となった。主が彼らにあぶを送ったのである。あぶが発生したために病気、死、滅び、汚染（レビ一一・20—23、41参照）。そして生活難が生じた。第四の災害は、モーセとアロンの介入なしで主が起こしたものである。主こそ死と滅びの種を播く力の持ち主である。その事実を証明するためである。そのために主は生き物を

使うことができる。主の力は災害をもたらすことに限られない。災害を取除くこともできる（八・25、27）。災害が厳密にエジプト人の地域に限られていることによっても強調されている（八・18、19）。このようにしてパロは、生と死の支配者である主がこの国の支配者であることを知るに至る。主が前に言った通りである（八・18）。主はパロを従順へと押しやり、民を去らせ、荒野で犠牲を捧げさせるようにした（八・23、24）。

筆者は将来の一連の出来事を、モーセの言葉に対する主の独白の繰り返しによって描こうとする（八・16—19）。モーセはパロと交渉してもイスラエルの解放が再度拒否される結果になると告げられる。筆者はモーセが命じられた通りに行動したことには触れない。パロの拒否についても同様である。主の言葉は一つ一つその通りに実現したことは当然である。モーセは主の忠実な僕である。パロは強情な反抗者である。筆者は災害の結果についてはっきり言う（八・20、八・17参照）。しかしエジプトの状況についてだけ語り、ゴセンの運命については何も言わない（八・18、19）。読者が神のお告げ（八・17—19）とその実現（八・20）を補足として理解するように筆者は期待している。そこでは災害の範囲とその激しさの全体像をまとめている。

筆者は災害に対するパロの反応には詳しく注目する。だからそれはよく理解できる。主がモーセに知らせたかったことである。筆者は対話の形でその場面を生き生きとしたものにする（八・21—25）。結論は三枚の連続したスナップショットである。パロの前を離れて祈るモーセ（八・26）、主の答

（八・27）、そしてパロの最後の反応である（八・28）。

明らかに災害はパロに向けられている。パロ自身が災害の被害者である（八・17、25、27）。更に繰り返して現われる「お前」（八・17）と「その」（八・25、27）からわかるのであるが、パロの高官と人民に振りかかる災害はパロ自身に対する攻撃である。更にゴセンではなくエジプトだけが災害に襲われた（八・8、19）。これはゴセンの土地とその住民との主の連帯、エジプトの地とその住民とのパロの連帯という運命的関係の光の中でのみ理解できるのである。関係がパロとの間にあるのか、それとも主との間にあるのか、それによってそこで何が起こるのかが決まって来る。

ここに描かれている光景は嫌悪感を与える。あぶはエジプト全土を占領する。家の外で止まらず、中に入って来る。中にいる人には身分の上下に見境なく取りつく（八・17、20）。至る所に死人が出る。その激しい攻撃に人々はなすすべがない。人が行く所はコヒキタスの疫病に冒されている（八・17の終り）。だからエジプト全土が荒野になった、と言っても誰も驚かない（八・20b）。

エジプトを襲った不幸の物語を読んで読者は喜びを押さえることができるだろうか。恐怖におののくパロと家臣たちを見よ。他人の不幸を喜ぶ気持ちになるであろう。パロは従うべきであった。しかし読者が畏敬の念を抱くのは主の奇跡的力である。災害がエジプトに集中的に留まるのを見て一層その感を強くするであろう。これは主であるイスラエルの神が災害をもたらし、イスラエルの解放の求要の背後に立っていることの動かぬ証拠である。この圧倒的な災害に対してパロはどのように対応すべきか。

筆者は読者をパロの宮廷の中に連れて行き、パロとモーセの対話の証人にする。いつものようにモーセにはアロンが付き添っているが（八・21—25）。読者は災害がパロに対して効果を発揮していることを喜びつつ確信する（八・4参照）。パロが仕方なく主に捧げる犠牲の礼拝を承認している様子を読者は見る。しかしパロが許可を与える言葉の最後に読者の安心は不安に変わる。「草むらに蛇」。以前、パロはイスラエルに礼拝を許可した（八・4）。それは一般的なことであった。しかし今、モーセが国の外でと言わなかったことを逆手に取って意地悪く「この国の中で」という言葉をすべりこませた（八・21）。パロはモーセの願いの大部分を聞き入れたと思っている。モーセは礼拝の場所についてもう一度話すことはしなかったが、最も小さいと思われる点についてだけ（八・16）、パロの意に従わなかった。事実この制限によってパロの約束は空しい見せかけに過ぎないことを証明している。モーセの要求の最終目標はエジプトからの脱出である。

暗闇が読者を覆う。モーセはどのようにこの状況から救われるのだろうか。彼は手の内を見せることはできない。パロがモーセの要求にある程度応じようとしている今、それは賢明ではない。そうなればパロは再びあの頑なな態度に必ず戻るであろう。読者はモーセが倒されず遂に機転をきかせ知恵を働かせてパロを打ち破る時、元気になる。もし国の中でイスラエル人が犠牲を捧げれば、エジプト人は激しく怒り、国中に悲劇が始まり、イスラエル人に拷問を加えることになるであろう。国外での犠牲を許可することがいかに理にかなっているか、モーセはパロに説いた（八・22、23）。パロは何も言わない（一・19参照）。モーセは勝った。パロは勝ちを譲った。しかしなお主の敵対者であり続け、イスラエル人が少しだけ国外に出ることを認めた（八・24）。パロは依然としてイスラエル人を自分の監督下に置きたいのである。できれば国内に拘留したいのである。外に行かせたくない（一・10）。イスラエルの受けている新しい国土の約束の実現を阻止したいからである。しかし実際モーセには勝てない。「私のために祈ってくれ」（八・24）と言って縮小した許可を与えて、自分にのしかかる圧力をかわそうとした。モーセこそ主導権を握った。それでもなおイスラエルの運命を自分が左右するかのような陰険な態度で「私がお前を去らせて」とパロが言うのを賢くも見すごした（八・24）。本当はパロの禍福はモーセのとりなしにかかっていた。「私が……出て行くやすぐに」（八・25）。「明日」（できるだけ早く）災害は消えると主の代理者モーセは約束する。時について言えば、初めと終りは対応している（八・19、25）。共に主の代理人が決めた時であるから、災害が主から来るのではない、主の命令によるのではないなどと否定できる者はいない（八・18参照）。読者はモーセの態度と行動に心動かされる。モーセが約束に加えている傍注を聞いて彼に対する尊敬は増し加わる。パロの場合と似ている。丁寧に、しかし断固として、パロが約束にそむいて（八・25）再びイスラエル人を欺くことがないように警告した。あのモーセが何と大胆に。彼は自分の確信する所を恐れずに述べる。

　モーセの祈りにこたえて、パロに語ったモーセの約束は実現し、災害は終った。あぶは消えた。主は以前の状態を回復した。それ以上のことを実現した。あぶは完全にいなくなった（八・27）。主は旧の状態をとりもどす。主はそれ以上のことをする。読者は言葉を失う。救いを与える主の行動はパロに対して違った衝撃を与える。それはパロの前の強情な態度に逆戻りさせた（八・28）。彼は到底信用できない人間になる（八・25）。モーセはパロとの討論で益々その聡明さを発揮する。信用できない人間に鈍重な強情さが加わる時、どうして総明さが勝てるだろうか。パロが主の言葉に従うしるしもなく、不幸な結果に終るにもかかわらず（八・15）、読者にはなお希望がある。さらなる圧力を受けてパロの頑なな態度は明らかに揺らぎ始める（八・4）参照。彼は不屈ではないのである。

家畜の疫病

九章

1 そこで主はモーセに言った。「パロの所に行って彼に会いなさい。ヘブライ人の神、主はこう言う。『わが民を去らせて、私を礼拝できるようにせよ。
2 しかしお前がその民を去らせず、厳しく拘束したままにしておくならば、
3 主の力が国内の家畜、馬、ろば、ラクダその他大小の家畜に襲いかかるであろう。深刻な疫病である（それが彼らを襲うであろう）。
4 しかし主はイスラエル人の家畜とエジプト人の家畜を区別する。イスラエル人の所有する家畜は一つも死なないであろう』」。

5その時主は時間を指定して言った。「明朝主はそのようにするであろう」。
6翌朝、主はそのように実行した。エジプトのすべての家畜は死んだ。しかしイスラエル人の家畜
のうち、死んだものは一つもなかった。
7パロは調査を命じた。イスラエル人の家畜のうち一頭も死ななかったことが証明された。それで
もパロは強情であの民を去らせなかった。

第五の災害によってエジプト人の家畜は死んだ。その原因は主が引き起こした伝染病であった。主がモーセとアロンの介入なしで起こした災害は、主が実行者であることを証明しようとするものである（四・6以下、11を見よ）。またそれは主が死と滅びの種を播く力を持っていることを明らかにする。災害が厳密にエジプト人の家畜のみに限られていることも主の力の強調である（九・4、5、6、7）。これははっきりと言われているわけではないが、第五の災害は確かに主が死と生の主であり、パロの国も主の手のうちにあり、主が言葉に出して語る前から決めていることをパロに知らせるよう、パロが主に従順を示し、あの民を去らせようとする目的を持っている（九・1、7）。

筆者はモーセの言葉に対して主の独白を再録して将来の一連の出来事を記述する（九・1—4）。モーセはパロに接触し、もしイスラエルの民を去らせなければどのような結果になるか告げるよう主に命じられる。この主の命令の結果について筆者は何も語らない。パロの拒否についても同様である。しかし主が言った通りになったことははっきりしている。モーセは主の忠実な僕である。パロは強情

な反逆者である。筆者は主が災害の精確な時を定めたと語る。またその通りに実現したとも語る（九・6）。読者が告知の細目（九・3、4）と実行が補助的なものであると理解すると期待している。告知の言葉の中でだけであるが筆者は災害に打たれた生き物の詳細を伝えている。強調点はエジプト人の家畜とイスラエル人の家畜に及んだ特別な取扱いにある（九・4、6、7a）。締括りはパロの初めの動き（九・7a）と最後の反応である（九・7b）。

家畜に下った災害は所有者たち、特に国の長パロに臨んだと語られる。エジプト人の家畜が滅び、イスラエル人の家畜が無事であるという事実は（九・4、6、7）、イスラエル人と彼らの家畜が共に主との運命的な連帯性の中にあり、エジプト人と彼らの家畜はパロとの同様な連帯性の中にあるという事実に照らして初めて理解できる。パロと連帯しているか、それとも主と連帯しているか、それに扱いの違いがひそんでいる。

災害の様子を見るなら、恐ろしいばかりにエジプト人の家畜はすべて一撃の下に死んだ。読者は敵の不幸を喜ぶ快感を禁じることができるだろうか。パロは偽瞞に満ちた行動を繰り返さず従順になるべきであった。そうすれば彼の民は生活のために必要なものを失うことはなかったのである。パロは主の行動に衝撃を受けたであろう。災害は予告された通り精確に襲ったのである。互いに並んで草を食うエジプト人の家畜だけが死に絶え、イスラエル人の家畜は一頭も死ぬことはなかったのだから。イスラエル人の神、主の全能がエジプト人に及ぶ確かな証拠がここにある。この神が災害を下し、イスラエル人を去らせるように命じている。神が状況のすべてを把握し完全にコントロールしている。

パロはどう動くのか。

災害が起こり、パロはどうしたのであろうか。筆者はそれを読者に知らせてパロが災害をきっかけに何をくわだてるかを知らせている。パロは家畜を失った者たちの状況を詳細に調べさせた。パロ自身が任命した調査官の調査報告は正確であった。エジプト人の家畜は全滅し、イスラエル人の家畜の被害は皆無であった。この深刻な事態をパロの民は決して避けて通れない。彼ら自身の率直な証言である（九・7a、八・15参照）。たといそうしたいと思ったとしても、王に不屈の姿勢を貫くようにとどうして進言できたであろうか。ただ今度こそパロ自身降伏を考えるべきだと思う民は山ほどいたであろう。

しかしパロの最後の行動は（九・7b）幻滅以外の何ものでもない。読者は壁にぶつかる。「主が言った通りに」起こるとの確証がないからである。パロに譲歩させる道はないのだろうか。彼がイスラエル人を去らせようと思うには何が起こるべきであろうか。神ですらパロの尊大な不屈の魂に対抗できないのだろうか。

できもの

九章

8 そこで主はモーセとアロンに言った。「お前たち二人はかまどの灰を手に取り、モーセがパロの
面前でその灰を空に向かって投げよ。
9 灰は細かいちりのようにエジプト全土に飛び散る。灰は人にも家畜にも取り付き、はれものがで
きる。できものはふくれあがる。これはエジプト全土に及ぶ」。
10 そこで彼ら二人は灰を手に取り、出かけて行ってパロに会った。モーセが灰を空に向かって投げ
ると、人と家畜についてはれものができ、ふくれあがった。
11 魔術師たちは流し目のモーセの前で立ち上ることができない始末であった。彼らにも他のすべて
のエジプト人と同様に炎症が現われたからである。
12 しかし主はパロを頑なにしたので、彼は二人（モーセとアロン）に聞き従わなかった。主がモー
セに言った通りであった。

第六の災害はエジプト人の人と動物を覆う死と滅びを招いた。第一と第三の災害とモーセのしるし

（四・1―9）と同様に、その特徴は大きな変化である。モーセが魔術師のような態度で天に投げた灰はエジプト全土に巻き散らされ、人と動物に降り注ぎ、感染症とはれものをもたらすことになった。人と動物は汚れた（レビ一三章の皮膚病とはれものの例を見よ）。エジプト全土は死に掌握された。要するに第六の災害も第三の災害がエジプトに起こしたように、主が力をもって死と滅びを臨ませる事実を示そうとする。病気は主の手の中にある手段の一つである（九・1―7参照）。特に言われているわけではないが、第六の災害もパロに圧力を加え、主を認めるように強いていると理解できる。

物語はモーセとアロンに対する主の指示で始まる。二人のすべきことが何であり、その結果どうなるかが語られる（九・8―9）。主がパロに向かって次の攻撃を加えることを読者は知ることになる。民を去らせよとの命令とパロの拒絶の結果について重ねて語ることはない（九・1以下参照）。その沈黙の結果は、災いの犠牲と描かれていない。主の言葉はパロから何の効果も引き出せない。筆者はそれを感じていることであろう。それ以外にパロ自身は災をこうむらない。災害は「国民」「家畜」全般そして特に「魔術師たち」（九・11）に臨んだと言う。王と家臣と民の財産との間には不可分の運命的連帯性があると暗示されている。民がうたれることで王がうたれる。うたれた魔術師たちの姿で王自身が見ものにされている。

モーセとアロンは従順である。指示の記述には若干の違いはあるが、筆者は二人の行動とモーセのもたらす災害（九・10）について語る。指示に従う二人の活動の中に読者も仲間として加わる。二人と共に読者も汚れたかまどに近づき、次に大きな期待をもってパロの前に行く。パロと魔術師たちの前に立つ。そしてモーセが「魔術師」の如く振舞う姿を見る。モーセは天に向かって灰を投げ、灰は風に飛ばされ、細かいちりとなってすべての人と家畜の上に降り注ぐ。あまりにも細かいのであらゆるすき間に入り込む。誰も身を守ることはできない。皆具合が悪くなり、気持ち悪くなる。人でも家畜でも皮膚がただれ、やけどしたようになる。皮膚はふくれ上がり、むずがゆく、射すような痛みが全身に及ぶ。エジプト全土の人と家畜が突然全身皮膚病に冒され、死の手が迫る。

指示（九・9）と実行（九・10）に表われる災害の描写によって、またもう一度具体的にエジプト人を襲った災害の結果を語ることによって、筆者は災害の脅威と深刻さを強調する。魔術師たちに臨む災害も含まれている（九・11）。魔術師たちは自分たちの神の世界に出入りし、秘密の力を持っていると言っていたが、彼らもすべての生き物も災害から逃れられず、足をたてる一寸の土地も見出せなかった。筆者はそのような地獄図を描いた。何という惨劇が起こったことか。

エジプトを襲ったこの悲劇を見て読者はよからざるほどほくそ笑みを禁じえないであろう。パロは賢くなり、従順になるかもしれない、主の奇跡的力に圧倒され、この恐ろしい災害がパロの心を変えなければおかしいと思うであろう。パロのそばに魔術師たちがいるのを見て読者は驚くであろう（九・11）。パロは主の全能を知りえたにもかかわらず（八・15）、彼は再び彼らを呼び出している。彼らが今度こそ主に勝つとパロは考えているのだろうか。その望みは空しい。彼らの再登場は笑い話に終るだけである。彼がどんなに努力しても成功はしない。彼らがモーセの奇跡を真似しようと試みるが、そこにモーセが厳しい目を向けているのだから、（八・14とは違って）スタートラインにつくことすらできない。魔術師たちは炎症の痛さに耐えられず、立っていることもできずころげ廻る。重々しかった威厳を失い、変わりはてた哀れな姿をさらし、笑い草になるばかりである。逆にモーセとアロンは無傷のまま威厳を保ち、意気揚々と勝利者として立っている。魔術師たちは完全に敗北した。彼らは以前より一層惨めであった（八・14以下）。彼らはパロが望んだわざを行なえなかっただけではなく、ほかの人々と同じように災害の被害者であり、そこから逃れることはできなかった。彼らが災害を起こしたり、自分たちを癒すことができればよかったのに。二度にわたって彼らは無力を証明した。彼らの仮面ははぎ取られた。彼らの敗北は決定した。以前、彼らは主の全能を告白した（八・15）。今や、「見える言葉」、態度そして無力さの暴露によって敗北を証明した。

読者は希望を抱く。今や、パロは自分の魔術師たちがわらくずに過ぎず、モーセの神の力に逆えず、彼らの主に栄誉を捧げるほかないと認めることだけが許されている。パロの戦いが敗北に終ったことを認めなければならない。パロは遂に降伏したのだろうか。が、パロの反応には当惑する。彼はまたもや反抗する。予想できないわけではないが（九・12ｂ）、彼の態度には驚くほかない。彼の行動は人間の行動ではない。彼の状況判断はあまりにも愚かであって、主のしわざ（九・12ａ）であると言うよりほかに説明しようがない。それでも第六の災害物語は読者を完全に失望させるものではない。この災害は明らかに一つの効果をあげた。魔術師たちは消え去った。その上、第四、第五の災害によってはっきりしたことが、ここで確定した。主の側の攻勢がもっと人格的になる。奇跡を行なう者は最早アロンではなく、主の代理者モーセである。アロンは退がり、魔術師たちは消え、パロ対主の対決が浮かび上がって来た。モーセは主の代理であり、モーセによって主が代表されているのである。

ひょう、雷、火、そして雨

九章

13その時主はモーセに言った。「明日の朝早く起きてパロの所に行き、面と向かって彼に言え。『わ
が民を去らせて私を礼拝するようにせよ。
14そうしなければ、お前と家臣たちと国民にあらゆる災害を臨ませて滅ぼす。私のような神が全地
のどこにもいないことをお前に知らせる。
15私はお前とお前の民に疫病を臨ませる絶滅の力を用いて、お前たちを大地から去らせようとした。
16しかし全地に私の名声を知らせようとお前たちを生かして私の力を見せた。
17お前は私の民を去らせず邪魔をしている。
18だから明日、同じ時間にエジプトが始まってから今日まで落ちたことのない最大のひょうを降ら
せる。
19だからお前の家畜、実際野にいるすべての家畜も避難させよ。ひょうはすべての人と小屋の外の
野にいるすべての家畜に降り注ぎ、すべてのものが死ぬ』」。

20主の言葉を恐れる家臣たちは急いで奴隷と家畜を建物に入れて保護した。
21しかし主の言葉を無視した者たちは奴隷と家畜を野外に出して置いた。
22その時主はモーセに言った。「天に向かって手を突き出せ。ひょうは人と生き物とエジプトの野
にあるすべての草と作物に降り注ぐ」。
23モーセは杖を天に向かって突き出した。主は大地に雷とひょうと火を降り注ぎ、エジプトの地に
ひょうを雨と降らせた。
24火がひょうの間に降り注ぎ、国始まって以来最悪の荒れ様となった。
25エジプト全土にひょうが降り、野にいる人も生き物も打ち叩き、野原と畑の草と作物を打ち倒し、
野の木々をすべて打ち砕いた。
26イスラエル人が住んでいたゴセンの地だけにはひょうは降らなかった。
27するとパロはモーセとアロンを呼んで約束した。「私が悪い。主は正しい。私と私の民は罪を犯
した。
28主に祈ってくれ。この思いもよらなかった雷とひょうは耐えられない。出て行きなさい。ここに
いなくてよいから」。
29モーセはパロに言った。「私が町を出たらすぐ私は両手を主に挙げる。雷はやみ、ひょうは消え
る。そして世界は主のものであるとあなたは悟る。
30だが、あなたもあなたの家臣たちも、主がまことに神であるのにその主を恐れることを学ばなか

った。私はそう思っている」。
31 亜麻と大麦は駄目になった。大麦は穂をつけはじめていたし、亜麻も花を咲かせる時期であった。
32 小麦とスペルト麦は難を逃れた。まだ実ってはいなかった。
33 モーセはパロを離れて町から出た。両手を天に向かって挙げると、雷とひょうは止み、雨も大地
に降らなかった。
34 パロが雨とひょうと雷が止んだのを見たが悪事を続けた。彼と家臣たちは強情のままであった。
35 パロはなお頑なであった。このように主がモーセによって言った通り、イスラエル人を去らせな
かった。

　第七の災害はエジプト全土に死と滅びをもたらした。モーセが魔術師のように天に向かって杖を突き出すと、雷が鳴り轟き、ひょうと落雷による火災と豪雨が全エジプトの野と畑、外にいる人と動物に襲いかかった。この第七の災害は特に厳しいものとなった（九・14参照）。一撃で主は多くの者に罰を与える。描写は以前の場合よりも詳しい。この表現はこの度の災難はほかの災難と比較にならないことを強調する（九・18、24）。特にひょう、雷、稲光りそして雨によって主は、自らが世界を治め、何人もいかなる物も逆らい得ない者であることを示す。三回にわたってこのことに注意を向けるように求めている（九・14、29、30）。要するに第七の災害も死と滅びの種をまく力を持つ者は主であることを明らかにする。気象上の現象すらそのための武器として用いることもできる。主は精確な知識を持っていてただエジプトの上にのみ（九・26）、予告した時刻通りに間違いなく攻撃する意図を持ち（九・18）、しかもモーセの祈りにこ

たえて中止するつもりである（九・33）。主はまたエジプト所有の大地の真の主権者である。ただ服従だけが求められる。災害はパロをこの洞察に導こうとし、パロがイスラエル人を去らせるようにと圧力を加える。

筆者はモーセに対するいうならば主のひとりごとを再現することによって将来の出来事の経過を暗示する（九・13―19）。モーセは再びパロに出会い、イスラエルに出国を認めない場合、どんな結果になるかを示すよう主から指令を受ける。モーセはパロに対して、かつてなかったような決定的な打撃がなぜ今まで主から下されなかったのか、はっきり示されなければならない（九・15―16）。また来るべき災害を考慮して忠告に従うようパロに奨める立場にモーセは立たされた（九・19）。筆者はモーセが命令を実行したかどうかについては沈黙している。しかしそれらがなされたことは言うまでもない。モーセは主の忠実な臣下であり、パロは強情な反逆者である。筆者は災害の預言に対するパロの家臣たちの反応についてははっきりと語る（九・20―21）。更に彼は、災害をもたらす主の指令、モーセの実行、災害の現実とその結末について細かく目を配る（九・22―36）。筆者は対話の形式で災害に対するパロの反応を読者に知らせる。モーセとパロはまたもや原寸大であるがままに描かれる（九・27―30）。説明文の後（九・31、32）、筆者は直ちに交替する二人の人物像を描いて閉じる。町のために祈るモーセとその結果（九・33）、パロと家臣たちの最後の反応（九・34）である。

こういう風に重ねて語られるのは、災害がパロに向けられているということである（九・14）。パロ自身がいけにえである。恐るべき天候異変のためにパロはどうしていいかわからない（九・28）。パロが今まで不屈であったとしても今崩れてしまい、恐れに呑まれるならば、家臣たちや民はどうなるのか（九・14、20、27、30、34）。筆者それについて何も言わない。ただ彼らが受けた物的損害について語る（九・19、21、22その他）。彼らはパロと共に打たれ、責任と罪責と罰に関してパロと連帯させられる。国土と住民との間にも運命の連帯が存在する。この光の下でエジプトの最後的災害とゴセンの無事が理解できる（九・26）。一方にはパロとの連帯性があり、他方には主との連帯性があって、異なる扱いがそれぞれに含まれる。

災害の預言と実現と終了を具体的に描き出すことによって、筆者はどの場合でも災害の奇跡性と深刻さを強調した。彼の叙述の特徴は前進である。災害の予告でひょうが語られる（九・18以下、22）。その到来を語る時、災害が予告されたものよりも一層厳しいことがはっきりする。雷鳴と稲妻はひょうに伴う（九・23以下）。筆者は九・24の後に「火」については何も言わない。ひょうと一緒に雷の災害が強調される（九・28、29、33、34）。この怒り狂う騒乱は恐ろしい不安を駆り立てる。その終結を書くことによって（九・33、34）、明らかに豪雨も災害の一部を構成しているし、初めよりも一段と恐ろしさを増しているように見える。ほかの所でも前進はこの書の特徴である。最初、人と動物（九・19）、その後、作物（九・22）、最後には樹木と灌木（九・25）の保護のことが言われる。災害の予告、開始、終結、結果の記述は互いに補い合い、一緒になって信じ難い苛酷な気象図を描いている。このエジプトを打つ恐るべき災害は審判と理解するほかはない（イザ二八・2、三〇・30、エゼ三八・22参照)。

モーセに与えた主の指示を知る時、読者は励ましを受ける。主は前もって、パロが激しい戦いなしには屈服しないことをモーセに断言したし(三・19以下、四・21、七・3以下参照)、モーセはパロに何が用意されているか知っていた。それでもパロのしたたかな強情さをいやと言う程知らされている読者は、パロが降伏するだろうどうか疑ってしまう。ここで疑問が生じる。主がそれほど強いのであれば、なぜ今すぐに主はパロに最後決定的な打撃を加えないのだろうか。モーセがパロに告げるべき言葉はパロに向けられているばかりか、読者にも向けられている。読者は絶望する理由がないことをはっきり知るべきである。パロが主の命令に背くのはパロが強いからではなく、主がパロの反逆を用いて全地の人々に主の力ある行動を知らせるためである(九・15、16、一〇・2、一一・9参照)。パロと共に世界の人々に主のような神がほかにいないことを思い知らされることだろう(九・14)。心ならずもパロは主の栄誉のために貢献しているのである。これはパロの意図するものではないが。

今回は七度目であるが、特別に厳しい災害がパロに臨み(七・14)、主の力がいかに大きく、敵対する者に深い慈しみに満ちた忠告を与え、もしその忠告に従えば災害は中止される程のものであることをパロは前もって知らされていた(九・19)。主が敵対する者に猶余を与えるからと言って、主の名誉が傷つくことはない。むしろ逆にそれは主の限りない優位を強調する。「毒蛇が草むらに潜む」たぐいの忠告であることを読者は感じる。前もっての警告はパロにとっては挑戦である。パロがそれに従えば、主の一言に従い、主が自分より以上であることを認めたであろう。パロはこの落し穴によって態度を改めたであろうか。出来事の続きを見れば、パロが警告を無視し、ある家臣たちはそれを心に留めたことを読者は知り（九・20、21）、元気付く。主の警告はパロの前線に突破口を開けた。パロの足場は徐々に掘り崩されていく。

筆者は黙示録のような光景を描き出す。言葉では表現できない悪天候がエジプトを襲い、あらゆる農作物を打ち砕き、樹木と灌木を打ち倒し、外にいる人も生き物も命を奪う事実を読者は知って、他人の不幸を喜ぶ悪意を押さえることができない。エジプトは滅びた。パロがもっと賢く、すぐに従順になれればどんなによかったことか。読者はここで主の奇跡の力に圧倒される。災害は宣告のちょうど二四時間後に（九・18）、神の人モーセの命令に応じてやって来た（九・22、23）。読者は驚き、喜ぶ。主は何も言わなかったが、ゴセンの地は完全に無事であった（九・26）。イスラエルの神、主が災害を下し、民を去らせるように要求していることは証明された。災害がパロを動かさないことに注目しつつ読者は経過を追う。筆者は読者をパロの宮廷内に連れていき、パロの反応を見せる。パロとモーセが話をしている。モーセにはいつものようにアロン同伴で行動する（九・27—30）。災害がパロを動かした事実を知って、読者は喜び、期待する。恐ろしい災害はパロを壁に押しつけ、パニックを起こさせた。今度こそ自然の猛威におびえ、自分と家臣たちの罪を認めている。主の要求の正しさを知り、自分のために主にとりなしの祈りをしてくれるならば、と条件をつけて（九・27—28）、イスラエルの自由を約束する。パロは万策尽きて自分の敵に救助延命を願い出た。条件をつけてではあるが、主が災害の原因であり、モーセが主の使者であると認めた。もう一度である（八・4、24参照)。もはや主を無視することはできない(五・2参照)。モーセは主の全知から逃げることはできないと念を押した。そして災害の終結を約束し、パロに言った。主は自分が願い出る時にはいつでも災害を終らせることができると。また、主こそ天と地を支配し、すべてのものが主こそ万物の主権者であると認め、ほめたたえるに至ることを望んでいると指摘した(九・29)。読者は感動して次を期待する。第七の打撃でパロは完全にするだろうか。モーセは読者にもう一度失望させる。モーセは単純に祈りを約束したのではない。彼はパロと家臣たちを全面的に信じるわけにはいかない。それは彼らの顔に書いてあるとモーセは見抜いている(九・30)。丁寧で落ち着いたモーセの態度に憎悪の影はない。読者は感銘を受ける。モーセはうわべの約束に簡単にだまされてしまうお人よしではない。彼は相手を見抜く。彼は交渉の仕方を心得ている。パロを恐れない。パロと家臣たちに真実を語る(九・30)。モーセは会話を切り上げ勝利者として去っていく。読者の失望は小さくない。なぜパロと家臣たちが荒廃した国土を見ても、なお一筋の希望の光を見ているのか、その理由を知るからである。彼らは全面降伏しない。そこに小麦とスペルト麦が難を逃れて残っているからである(九・31、32)。

モーセの祈りによってパロに約束されたことが起こった(九・29、33)。だから読者は主の全能の証人となったし、モーセが主の代理人であると証言することができた。しかしパロと家臣たちに与えた災害の衝撃が変化して来たことにも読者は気付く。災害は主の偉大さを彼らに示すためであった。災害が終結すれば、パロと彼の国民はなおも反逆を止めないであろうと言ったモーセの予告した通りであった(九・34、35)。事態が不透明になって来たのはもう一つの理由による。魔術師たちが舞台から消えた時（九・8—12）、パロだけが一人そこに残って反抗し続けたと読者は思う。しかし第七の災害の経過を見れば、そうではなかったことがわかる。パロは家臣たちを頼りにし、彼らに励まされてもう一度反抗するようになる。確かにパロの態度は一部の家臣たちのために弱くなる（九・20。一〇・7参照）。その家臣たちが主に恐れを抱いた動機は打算的であって、パロ自身の場合とまったく同じであった。災害の後、パロと家臣たちは固く結束する（九・30、34。九・27も見よ）。明らかに主の救いの行動はパロや腹心の部下が主に服従すれば十分というものではない。他方、疑いなく完全とは言えない結束は読者を本当に安心させるものではない（九・35ｂ）。主がパロとの対決を続けさせることも（九・16）、重圧を加えてもパロが揺らぐだけであることも、目的があるのだと教えている。

いなご

一〇章

1 そこで主はモーセに言った。「パロのもとに行け。私がパロと家臣たちを頑なにした。私が示した予兆をその通り実現することができるためである。

2 お前は子供たちと孫たちに、いかに厳しく私がエジプト人を苦しめたか、どんなしるしを与えたか語れ。お前たちは私が主であることを悟るであろう」。
3 モーセとアロンは共にパロのもとに行き、言った。「ヘブライ人の神、主はこう言う。『いつまで
お前は私に逆うのか。わが民を去らせ、私に礼拝を捧げさせよ。
4 もしわが民を去らせないなら、私は明日お前の領地にいなごを臨ませる。
5 いなごは国の全土を覆い、いかなる地も見えなくなる。ひょうが残した僅かな作物を小さな生き
物が食いつくし、野に残る実を結ぶ木を食いつくす。
6 お前の家、家臣たちの家、エジプト全国民の家は皆いなごで溢れ、先祖もこの世に受けたすべて
の人も経験したことがないようなことが起こる』」。こう言い終るとモーセはパロの前から去って
行った。
7 家臣たちはパロに言った。「私たちはいつまであの連中に苦しめられるのですか。あの役立たず
を去らせて彼らの神を礼拝させましょう。このままではエジプトが滅んでしまいます。おわかり
にならないのですか」。
8 そこでモーセとアロンはパロのもとに戻った。パロは彼らに言った。「すぐに出て行け。お前た
ちの神、主を礼拝せよ。一体だれを連れて行くのか」。
9 モーセは答えた。「若者も老人も、男の子も女の子も、大小の家畜も一緒に行く。そこでお祝い
し、礼拝するのだ」。
10 パロは彼らに言った。「主がお前たちと共にあれ。子供たち、女たち、老人たちも一緒に行かそ

うとは私たちは考えていない。気をつけろ。災いがお前たちを襲うのではないか。
11 そうはさせない。男だけ急いで行け。主を礼拝せよ。それがお前たちの願いではないか」。パロ
は彼らを宮廷から追い出した。
12 すると主はモーセに言った。「お前の手をエジプト全土に差し伸べよ。いなごがはねまわりエジ
プト全土を覆い、ひょうが残した草も地に生える植物も食いつくす」。
13 モーセはすぐに彼の杖をエジプトの地に向けて差し伸べた。主はその国に丸一日中昼も夜も東風
を送った。朝が来ると東風はいなごを運んで来た。
14 いなごはエジプト全土を襲った。おびただしい数のいなごがエジプトの全地を覆った。かつてな
く、この後もこれほどのいなごが現われたことはあるまい。
15 いなごが厚く全土に群がり、地は黒かった。いなごはひょうが残した草と地の植物と木の実を食
いつくした。全エジプトに木の葉、草、野の植物は何一つ残らなかった。
16 そこでパロはただちにモーセとアロンを呼び出し、約束した。「私は罪を犯した。お前たちの神、
主とお前たちに対して。
17 ああ、もう一度私の過ちを赦してくれ。お前の神、主にお願いして私からこの恐ろしい災いを消
してくれ」。
18 モーセは出て行って主に祈った。
19 すると主は風の向きを変えた。強い西風が吹いた。それがいなごを運んで紅海に叩きこんだ。エ

ジプト全土にいなごは一匹も残らなかった。
20 しかし主はパロを頑なにした。パロはイスラエル人を去らせなかった。

第八の災害はエジプトの植物に死と滅びをもたらす。モーセが魔術師のようにエジプト全土に杖を差し伸べると、主は動いて東風を起こしいなごを運んで来て全エジプトを覆うまでにした。いなごは家々に入り込み、最小の植物に至るまでむさぼり食う。大地の滅亡が居住不適を招く。この災害は第七の災害と同様、以前の災害よりも激しく、比べるものがないことを強調する（一〇・6、14）。第八の災害も主が死と滅亡の種を蒔く事実を示す目的がある。この災害は動物さえ用いる。主が予告した通り精確に災害は起こる（一〇・4、13）。モーセの祈りによって災害は消える。主は風の主であり（一〇・13、19）、土ぼこりの主であることを強調する。災害の目的はイスラエルが主の全能を認識することであるが（一〇・2）、パロに主が死と生の支配者でありすべての地を手中に治めていることを知らせ、従順にし、イスラエル人を去らせて礼拝させるようにすることでもある。

一〇・19（一三・18も参照）に紅海とあるが、「スーフの海」の訳語である。普通「海草の海」あるいは「葦の海」と訳されるが、正しくない。

筆者は読者をモーセとアロンと共にパロの宮廷に連れて行く。二人はパロに向かい、主の名において、もしパロが主の命に背いてイスラエルの民を去らせない時に何が起こるか指摘する（一〇・3―9）。それが第八の災害である。読者は起ころうとする将来の一連の出来事を知る。ここには今まで聞いたことがない新しい記述の仕方がある。主は独白の形でモーセに伝える（一〇・1、2）。主はモーセにパロの所に行くように命じる。ほかには災害の意味について書くだけである。

次々に場面が変わる。モーセとアロンはパロの所に行く（一〇・3—6）、パロと家臣たち（一〇・7）、モーセとアロンは再びパロの宮廷に行く、対話が続く（一〇・8—11）、主がモーセに指示を与える（一〇・12）、モーセが災害を呼ぶ（一〇・13—15）、モーセとアロンの三回目のパロとの出会い（一〇・16、17）、モーセが主に祈る、災害が去る（一〇・18、19）。最後に筆者は読者にパロの最終的反応を知らせる（一〇・20）。

災害の描き方はそれがパロに向けられたものであることをはっきり表わしている。「お前の」と言って（一〇・4、6）、彼の国、彼の財産、彼の家臣たちの財産に襲いかかる運命はすべてパロ自身に降りかかっていることを示している。パロが犠牲になることは、災害が臨む時、彼は急いでモーセとアロンに接触を求めていることからもよくわかる（一〇・16）。

災害を具体的に描いて、預言と実現のいずれにおいても、災害が奇跡であり、苛酷であることを筆者は強調する。災害の予告と実現と結果の詳細は（一〇・4—6、12—15）互に補完し合っている。予告でいなごが家々に入り、溢れると言う（一〇・6）。実現の際には詳細は省略されるが、そこで「青葉」と言う言葉が初めて出て来る（一〇・15）。最初の予告では草のことは言わないが、第二回目の予告では、パロにではなくモーセとアロンに、従って読者に対して語っている（一〇・12）。パロには災害がいよいよ不快をつのらせると筆者は告げる。更に災害が起こる時には恐ろしい東風がいなごを運んで来ると言う（一〇・13）。物語は拡大する。一〇・15は被害を受ける植物について細かく述べる。実際に起こる災害は予告よりも酷しい。表現にバリエーションがある。無数のいなごに覆われ土が見えなくなると言う時も一〇・5と15でも言い方が違う。一〇・15では木の果実のことが言われ、一〇・5では実のなる木と言う。一〇・6と14には災害の異常さが違う言葉で表現されている。エジプトを襲った言葉では到底言いつくせない災害の範囲と程度を描き出そうとしているが、結局、これは審判以外の何ものでもないと解釈される（ヨエ一章二章参照）。

主がモーセに与えた指示に続かせた言葉を心して聞く時、読者も力づけられる（一〇・1—2）。モーセの肩越しに読者も語りかけられている。主とパロとのやり取りが聞こえて来るが、要はパロに加えられる圧力がいよいよ増し加わる。結果が見えて来るまでなぜそれほど長くかかったのであろうか。モーセに与えられる福音は読者に対する福音でもある。一連の災害によって重要な事が読者に示されている。災害はパロと彼の国民に主の全能を強く迫るだけではなく（九・14—16）、神の全能が神のものである全地に及ぶことをイスラエルに知らせようとしている。押し問答が続き、パロと家臣たちが抵抗を止めないことは主の意志であると、イスラエルが子々孫々に至るまで自分たちにしていただいたこの主の偉大な働きを語り続けるためである。全イスラエルが力と支配はすべて主のものであることを知るようになり、主を認め、信じなければならない。無力さが、今まで決定的な打撃が成功しなかった理由ではない。主自身がパロと家臣たちの反抗を目指していたし、求めていたのであって、これまで目指して来たただ一つの目的は主の絶対的優位を示すことである。

主に対する信頼は強められ、読者は今後の展開に期待する。筆者はモーセとアロンと共に読者をパロの前に連れて行く（一〇・3―6）。二人が神の言葉を告げるのであるが、読者はそれを聞きながら、そこに自分自身の苦情と絶望の声を聞く。パロよ、なぜあなたの反抗を止めないのか。なぜ主の権威を認めないのか。なぜイスラエルが出て行って、彼らの神に仕えるようはからわないのか、と。パロを待ち構える壊滅的な災害を知れば、読者の希望は明るくなる。パロは自分の国が荒野になることを願っているのか。その国は死の支配する所となるではないか。モーセが自分のしていることに確信を抱き（一〇・6）、猫とねずみのゲームが永遠に続くことはないとほのめかしている姿を見て、読者はモーセを頼もしく思う。モーセが神の言葉を告げるや否や、彼はパロとの接触を断つ。彼の退出は暗示的である。災害を呼びに行ったように見える。彼は直ちに呼び戻されない。破滅は戸口に迫っている。

次の場面はモーセの断固たる態度がいかに効果的であるかを示している。すでにモーセはそこにいない。筆者はドアを開けたままにして置き、読者をそこに残す。そしてモーセの言葉が宮廷内にどのような反応を起こしたか、読者を証人にする。モーセが出て行くや否や、その直前まで以前と同じように強情であり続けた高官たちは（九・34、一〇・1）、まったく初めてのことであるが、断然パロの前に立ち上がる。今までの災害の場合、彼らが少しばかりやったことは災害を防ぐことではなく、そこから身を守ろうとすることであった（九・20以下）。今は、災害の話を聞いただけで、ただそれだけでパロに中止を迫る。パロに語ったモーセのように（一〇・3）彼らの言葉は不平と絶望そのままを表わす。しかしパロがいつ正気を取り戻して主を認めるべきかについては何も言わない。彼らは不幸の原因をパロと自分たちに求めず、モーセの中に見る。だから絶望的にパロに進言する。強情な政策の結果がどうなるか、エジプトの全滅であると言う。彼らは狂気の訴えをパロにぶつける。頭を冷やして田舎者の挑戦に応戦し、エジプトを不幸にしないように訴える。それを聞いて読者は生き返る。この種の圧力ならパロを押さえるであろう。次の場面ではまさにそうなる。パロが災害の予告に初めて反応する。

読者はまだ宮廷でパロの近くにいる（一〇・8―11）。モーセとパロが再び呼び出され、パロの前に現われる。パロは変わったように思われる。災害ではできなかったことを重臣たちがやり遂げているように見える。パロは降伏する覚悟か。主を礼拝する許可を与える。わきぜりふのように、パロは教えてほしいと質問する。「毒は尾にあり」。正確には誰が行くのかとパロは尋ねる。軽く口にした質問のようであるが、この民はパロの財産であり、誰が行く恩恵を受けるのか、彼にはそれを知る権利があると彼は確信している。それが一方にあり、もう一方には、礼拝というものは成人の男子の捧げるもので、限られた数のイスラエル人だけが国を出るべきだというパロ自身の理解を印象づけたいと思っている点がある。彼は以前よりも大きな寛大さを示す（八・21）。しかし同時に、イスラエル人全部を出すことはしないとの意志を伝えている。状況に押されはしたが、交渉は続けたいとの気持が現われているように見える。目下モーセは、必要である限り、パロと対等に交渉し、彼が本当にしようとしていることをパロに告げる時が来たのだと思っている。モーセは自分の取り組むべき課題を十分に自覚している。率直に何事も包み隠さず、イスラエル人全員を行かせるようにパロに告げた。全員が主のものなのだから、全員が主を礼拝しなければならない。だからイスラエルは一体誰に対して義務を負っているのかを、パロに明言することになる。パロがイスラエルに対する権利を失う時が近づくと、パロは怒り出す。呪いの言葉を吐き、嘲り、二人に答える。そんなことはさせない、お前たちの本心はわかった、と。今までいつも裏切り続け、死と滅びに首根っこを押さえられたこの男は、彼らの予告した災害は彼ら自身に降りかかると威丈高になって警告する。彼らは神礼拝のふりをして男たちばかりか全員が国を出ようとするのは、たばかりだ、と言う。そんなことを認めるなどパロがするわけがない。そんなことを彼がしようものなら、彼は主の対抗者としての役割を否定することになる。何が起ころうとも、イスラエル人すべてが国を出ることは許さない、とパロは言う（一・10）。約束の国の実現をパロは認めない。モーセとアロンは率直に言う。パロはわれわれすべてを立ち去らせるはずだと。両者にとって、すべてを取るか、すべてを失うか、そのいずれかである。二人が去って行く姿を見て、読者はあっけにとられる。二人は詐欺を働いた悪人のように出て行く。すぐにも脱出できる望みは再び砕かれた。

拒否によって、パロはエジプトに災害を招く（一〇・12―15）。予告されたことが現実になる。事実は一層恐ろしい。奇跡の証人はパロではなく読者である。モーセが杖を挙げエジプトに下る災いの言葉を唱えると、形容もできない東風が吹き荒れる。翌日は起きぬけから我慢のならない驚きであった。夜の幕が開くと、国中がいなごで暗くなっている。その暗闇を通り抜ける光はない。すべてが暗闇である。混沌が国中を支配し、荒野に変えた。終末を予感させる。黒雲のようないなごの大群が国中を押さえ込み、家の前に人が立つことはできないほどになった（一〇・6）。いなごの食欲を満たすことは誰にもできない。ひょうの災害でエジプトはすでに荒廃している。作物は打ち倒され、木々も引き裂かれた。今や荒廃は極に達した。国土は丸裸である。すべてが食いつくされた。国に人は住むことはできない。この有様はとてもまともに表現することはできない。とにかく、エジプト中にいなごが溢れ、露出している地面は皆無である（一〇・5、15）。

エジプトを呑み込んだこの苛酷な災害を見ると、読者は他人の不幸を喜ぶ感情を押さえられないであろう。パロがもっと賢明であり、主の正当な要求に真面目に従えばよかったのに。読者は主の奇跡的力に圧倒される。災害は予告された時刻に、神の人モーセの合図によって襲いかかったのであるから尚更である（一〇・4、13）。この災害は主の働きであり、主の主権によることは誤解の余地なく明らかである。パロは災害にどのように反応するであろうか。

次の場面でこの災害がパロに与えた効果を読者は知ることになる（一〇・16、17）。再び筆者は読者を宮廷に連れて行く。そこでパロを見て読者は笑い出すであろう。パロは大慌てでモーセとアロンに連絡している。あのように威張りくさって追い出したのに。今やどん欲ないなごから何であれ少しでも助けてもらおう、できるだけ早く災害を終らせてもらおうと全力を尽しているのではないか。もっと早くそうするべきであった。そうすれば威厳を保つこともできたであろう。パロは完全に狂っている。主とモーセとアロンに対して自分の罪を認め、赦しを求めている（九・27以下参照）。彼はいかなる深い思慮もないまま、彼の偉大な対抗者である主の助けを求める。再び（八・4、24、九・28

参照）パロが哀願しながら認めるべきことは、災害をもたらした者は主であり、モーセがその神の使者であるという点である。パロはもはやどうにも主を否定できない（五・2参照）。このとおり彼はうろたえていて、まさか出発に同意を明言することはできないながら、今では何か別なことを考えているらしく、もう反抗は本当に断念したとの印象である。はっきりと災害の除去を懇願するのもこれが最後だと保障している。パロの中に一つの転換が起こったのだろうか。

モーセの態度は見事である。次の場面で（一〇・18—19）筆者は読者をモーセと共に宮廷から退出させる。モーセは退出の目的に関してパロに何も言わない。モーセと共に出て行く読者はモーセがパロとまったく違い、大人であることを知る。パロに無礼に扱われてもパロに対して寛容である。モーセは主に祈る。災害は止む。快い風、西風が力強く吹いて来る。東風と共に来て暫くの間いたいなごはたちまちのうちに紅海に去って行く。主が害虫を完全にエジプトから一掃する。悪の力を用いて主は自ら欲することを行なうことができる。読者は言葉を失う。これはパロについてのみ起こったのではなく（一〇・20）、災害が主の偉大さを示すのに役立つことを読者は理解しなければならない。結果はまたもや失望させる。主の救出の働きは明らかにパロを従順にしはしない。一〇・20に「主が預言した通り」という形式の言葉はなくとも、結果を見れば読者は、理解できない、望みはない、と言えないであろう。重臣たちの試みはパロを変えるには至らないが、イスラエルの救いに貢献できたかもしれない働きを見せていたことは理解できる。主が対立を継続させていることには意図がある（一〇・1—2）。重臣たちはパロと共に強情に固執していないことを読者は見過せないであろう（一〇・20と九・34を見よ）。重臣たちは戦いを放棄した（一〇・七）。災害が止む前にパロがイスラエルの礼拝を許可したのは初めてであった。この点も注目しよう（一〇・8以下）。初めてと言えば、パロが公けに赦しを乞うたことも、今度二度と災害の除去をお願いしない、と権利を放棄したこともそうである。パロは災害の中止を祈ってくれ、とは願い出ない。モーセとパロとの間にある敵対関係の緊張（一〇・16b、11、18a）と災害の深刻さ（一〇・17には「死」とある）は、抗争が激化し、すぐにも頂点に達するであろう、と読者は予感する。

暗闇

一〇章

21 その時主はモーセに言った。「天にお前の手を挙げよ。エジプトの国を暗闇が覆う。人が手さぐ
りすれば触れるほどの濃い暗闇である」。
22 すぐにモーセは天に向かって手を挙げた。すぐ真っ暗闇が三日間エジプト全土を覆った。
23 三日間人は互いに見ることもできず、自分の場所から動くこともできなかった。しかしイスラエ
ル人が住んでいる所には光があった。
24 その時パロはモーセを呼び出して言った。「わかった。主に礼拝を捧げよ。だがお前たちの大小

の家畜はここに残せ。子供たちは一緒に行くがよい」。
25
しかしモーセは答えて言った。「殺して捧げる犠牲と焼いて捧げる犠牲をわれわれに与えよ。われわれはわれわれの神、主に思いのままに捧げることができる。
26
家畜も連れて行かなければならない。ひずめ一つも残さない。われわれはその中から選び出して主われらの神に捧げ、礼拝する。どのように礼拝すべきか、その場所に着くまではわからない」。
27
しかし主がパロを頑なにしたので、パロは彼らを去らせなかった。
28
パロはモーセに言った。「消え失せろ。わが宮殿に一歩でも足を踏み入れて見よ。一歩でも、だ。お前の命はない」。
29
モーセは答えた。「それはあなた自身が望んできたことだ。わたしもあなたの宮廷に二度と再び足を踏み入れるつもりはない」。

祈りによって天から送られた第七の災害と同じように、第九の災害もエジプトに死と滅びをもたらした。モーセが祈りをこめた行動として杖を天に向かって挙げた時、三日にわたって暗闇がエジプト全土を覆った。この災害の結果は、完全な居住不能化だった。第九の災害も主が死と滅びをもたらそうとする意図を表わしている。主の代理者モーセの祈りによって天が暗闇をもたらしたのは、それによって主が自ら、この上なく恐ろしい混沌の力を持つ全能者、また全地の主であることを示している。災害の目的がはっきり書かれているわけではないが、第九の災害も、生と死の主であり、国を支配し、パロもまた従順になって、礼拝のためにイスラエルの民を出国させるように求める主の要求にパロが服することを目指している（一〇・24参照)。

筆者はすぐに物語の本題に入る。パロの前に行ってイスラエル人を国外に出すように伝え、もし拒否すれば災害を下すとの主の命令を伝えることは書かないで、直接詳しい災害を臨ませるとの預言を述べる(一八・21)。続いて神はパロに攻撃を加えて預言の通り実行し、結果がどうなったか読者は知る(一〇・22—23)。モーセが命じられた通り行動する状況については読者の想像にまかせる。恐らくモーセはパロの面前で災害を招き出したのであろう。それは、災害の真の支配者がモーセの神である事実を誰もが納得できるように示している。災害について語ると、続いてパロとモーセの対話について詳しく述べる(一〇・24—29、一一・4—8)。対話は二度中断される。最初はパロの反応の背景を説明する(一〇・27)。二回目はモーセがパロの前に立った時に受けた神の啓示を読者に明らかにする(一一・1—2)。また将来について僅かであるが暗示される(一一・3a)。エジプト人の間でモーセがどのように評価されているか、読者は知る(一一・3a)。第九の災害物語を終る前に(一一・10)、モーセがパロの前から出て行った時に受けた神の新しい啓示について筆者は読者に示している。

第八の災害から第九の災害に素早く移っている理由は多分、色々な資料の組み合わせによるのであろう。それは次のような効果を生んでいる。出来事の経過は、言葉は何らパロに影響を与えなかったことを教えている。パロは感じるほかはない。次々に間を置かずに攻められる。言葉は災害の到来を遅らせる。そのほか、パロ自身は明白な災害の犠牲とは知らされていない。全般的に「人々」が対象として語られている。そうではあるが、権力者と臣下との間にある不可分の運命的結合が考えられている。一方にパロとの連帯があり、他方に主との連帯がある。両者は全く別な事柄である。主との連帯は命である（一〇・23ｂ）。

モーセに与える指示とその実施を描くこととによって、筆者は災害到来の具体的情景とその奇跡的性格と不可抗性を強調する。一〇・21ｂ、22ｂ、23ａは強調の補助であり、締めくくりである。そこでエジプトを襲う破局の範囲と恐ろしさを具体的に描き出す。それは審判そのものである（例えばイザ一三・10、三四・10、五〇・3、ヨエ二・10、四・15、ハバ三・11参照）。

読者がモーセに与えられた神の新しい指示を知ると（一〇・21）、嬉しくなるであろう。予告なしで間髪を入れず、エジプトに新しい災害が臨む。議論は加速する。そこに突然災害が臨む。読者の前に急に黙示録的場面が現われ、仰天する（一〇・22—23ａ）。永遠の夜がエジプトに来る。国は命を奪われ、混沌に投げ込まれる。人々は苦しみ、死者となる（例えばイザ一四・9以下、ヨブ三・13、一〇・21以下、一四・21以下、コヘ九・5以下、10、一一・8）。逃れられない壁のように暗闇は人を閉じ込める。社会的な交流はもうありえない。誰もが孤独であり、自分の内にこもり、動けず、力なく、運命づけられた所に縛りつけられる。人は皆、三日間この運命から逃れられない。罰の刑期が終るまで出られない。災難の深刻さを無制限に増大させて筆者は描写する。

エジプトを襲う悲惨な光景を見て読者は他人の不幸を喜ぶ悪意の感情を押さえることができない。

パロがもっと賢ければよかったのに。特に読者が強く感動するのは奇跡を起こす主の大きな力である。災害は神の人モーセの指示によって起こる（一〇・21以下）。更に読者が驚きを喜ぶのであるが、預言の全体を支配しているのは主であり、イスラエル人の住む所には暗闇はまったく近づくことはない（一〇・23b）。災害をもたらす者も、要求通りにイスラエル人を国外に出させる者も、イスラエルの神、主であることの結論は誰にも納得できる。出来事の経過は期待を抱かせる。災害が収まると、パロはモーセを呼び出す（一〇・24）。災害の後、交渉のためにパロがモーセを呼び出したのは初めてのことである。次の新しい、更に恐ろしい災害を避けようとしてパロはモーセと交渉しようとする。災害がパロにトラウマになっているからである。パロが主の求めに従う望みが見えて来た。

パロとモーセの対話が続く（一〇・24―26、27―29、一一・4―8）。読者もその証人である。パロが口を切る。好人物に変身し、主に捧げる礼拝を許可する（一〇・24）。条件を付ける。家畜は置いていくこと。非常に巧妙に譲歩した許可である。子供と女と老人が一緒に行くことはもはや論点にはしない（一〇・8―11参照）。あたかもモーセの願いをすべて受け入れたかのようである。しかしどうであろう。以前の態度と実質変わっていない。つまり、イスラエルは自分のものだという信念の上で許可を与えている。家畜を置いていく理由は、それが民の戻って来るための担保になるからである。民が出て行くのは短期であり、出国ではない。一時的出国は民の降伏が目的ではない。パロは仕方なく対話を続ける。読者は話がどこへ行くのか心配する。パロの仕掛けたわなにモーセはかかってしまうのか。モーセの答を聞いて読者はほっとする。状況と巧みに取り組むモーセの才能を改めて見る思いである。モーセはパロを見抜いて彼と渡り合う。逆にモーセはパロにわなを仕掛ける。パロの条件からは当然動物の犠牲を裁量に任すこととなると考える（一〇・25）。もしパロが実際に、主を礼拝する動物を提供するならば、パロが主に仕え認めることを意味する。それだけでは足りないと言わんばかりに、家畜を全部連れて行く、主が何を要求するか自分たちは知らないから、とモーセは加えた（一〇・26）。パロが、犠牲にすべての家畜は必要であるまいと言う言葉を、前もって封ずるために、巧みにモーセがそう言う能力に読者は感心する。モーセはパロの前を行く。幸いモーセは譲歩して族長たちの受けた約束の実現を危険にさらすことはなかった。パロにとっては今やすべてのことは透明になった。モーセはイスラエルの永久の脱出を見ている。だがどんな破局に直面しようとも、パロはイスラエルに対する権利を放棄することはできない。パロの態度は好意的に見えても、その実情は前と少しも変わらぬ暴君であり（一〇・27）、主の約束の敵である。民全体を国外に出そうとしない（一一・10）。

議論は国の外に出て主に礼拝を捧げる件を巡ったが、モーセの内に隠された、しかし断固たる意図の前に、パロの態度は変わる。呪ってモーセを追い出すだけでは満足しない（一〇・10以下）。宮廷に近づくことを禁じ、従わなければ殺すと脅す。怒りに我を忘れ、交渉を打ち切る。この破局にモーセはどう対応するか、読者は目を向ける。モーセはきっぱりとその場を去るのだろうか。交渉の終りは脱出の機会が決定的に消えたことになるのだろうか。喜ばしいことだが、モーセは追い出されず、踏みとどまる。激しく怒るが、怒りを押さえて対応する。今やパロとモーセの関係は最悪に、対立は頂点に達した。モーセの最後の言葉を聞くことになる。その一声は（一〇・29）読者に希望を与える。よき聞き手であればモーセの隠された答の中にモーセの脱出宣言を聞く。皮肉を込めて、パロの願いは一〇〇パーセント自分の願いでもあるとモーセはパロにはっきり言う。パロは絶交だと明言する。パロは自分の願っているものを手に入れるが、それは自分が思い描いていた通りにではない。パロの言葉に答えるモーセの脅迫的言葉は読者に耳には音楽のように響く。モーセがパロの前に立っている時に、主からいただく言葉にモーセはどう反応するか筆者は書くのであるが、その前に筆者には伝えていることがある。その報告によって読者の期待は増し加わる（一一・1、2）。

間奏曲

一一章

1 そこで主はモーセに言った。「私はパロとエジプト人になお一撃を加える。その後彼らはお前たちをここから去らせる。パロがお前たちを去らせる時、彼はお前たちを皆追い出す。

2 イスラエル人は各自その隣人と隣人の妻から金銀の飾りを求めよ」。

3 主はエジプト人が彼らに対して親切にするようにした。その上モーセ自身エジプトではその国民にもパロの家臣にも非常に尊敬されていた。

モーセの言葉には根拠があることを、神の言葉そのものがはっきりさせている。モーセがあらゆるきずなを断ち切るとパロに言う。パロが民を去らせるようになるためには、なお一つの災害が必要であると主は多くの言葉をもって告げた。パロは否定の態度によって自分と国に災害を招く。今や最後である（一一・1）。救いは近い、脱出は迫る。よいしるしはパロ自身が作り出している。モーセが自分の民との接触を求めていると聞く時、読者は十分にその近さを認識する（一一・2、三・21以下参照）。具体的に準備を始める時が来た。今やまさに救いは来る。

対立の終りが見えて来たことを読者はモーセと共に知る。そして、パロがイスラエルを去らせる所まで、この動かないパロを主が捕えてくれる光景を早く見たいものだと読者は願う。しかし筆者は読者に伏せたままにしておく。筆者はモーセをパロの前に残したまま先を急ぐ。いくつかの出来事の経過の間を読者を連れて通り過ぎる。例えば一一・2ａの指示に従ってモーセが行動する場面である。モーセが忠実に命令を実行している所を読者は見る（一二・35参照）。つまり第一〇の災害に続いて起こる出来事の一場面を読者に示す。それは間もなくのことである。エジプト人に加える主自身の影響によってイスラエル人は首尾よく宝石を貰うことになる（一一・3ａ）。その上、モーセに関するエジプト人の最高の評価についても読者の知る所となる。読者自身もモーセに対する尊敬の念を高めつつモーセとパロの対決の場面でモーセの行動に注目する。このモーセの行動はエジプト人に徐々によい印象を与えて行った（八・15、九・20、一〇・7）。こうしてモーセが最も尊敬される人物であ

るとの評価が確定して行くことが読者にわかる。イスラエル人とその指導者に対するエジプト人の態
度がすっかり良い方に変わってしまう。

第一〇の災害の預言

一一章

4 モーセは更に続けた。「主はこう言う。『私は真夜中、エジプトの中心を通り過ぎる。
5 その時エジプトの長子は皆死ぬ。パロの王位を継ぐ第一王子から石臼に座る女奴隷の長男に至る
まで。あらゆる家畜の初産の子も。
6 その時、いまだかつてなかった、またこれからもない大いなる嘆きの声がエジプト全土に響き渡
る。
7 しかしイスラエル人に対して、人であれ、家畜であれ、一匹の犬も唸って口を開くことはない。
こうしてお前たちは主がエジプト人とイスラエル人との間を区別することを悟る。
8 お前の家臣たちも皆、私の前に来てひざまづき、こう言う。「あなたもあなたの民も皆出て行っ
てください」。それから私は出て行く』」。モーセは怒りに満ちてパロのもとから出て行った。

近づく将来を見て読者は、今や主がパロとその家臣たちに決定的な打撃を与えると確信する。しかし、どのようにその大逆転は起こるのであろうか。筆者は読者をもう一度不安にすることはない。読者をパロとモーセの所に連れ戻し、パロに答えるモーセの最後の声を聞かせる。一一・1—2はモーセに与えられた神の言葉の頂点である。筆者は書きながら緊張するのであろう。モーセに語る主の言葉をすべて伝えていないように思われる。今ようやく、主の命令によってパロに告げられる預言を酷しいままにパロの耳に聞かせようとする（四・22、23参照）。エジプトに加えられる最後の災難について読者が知らされ、震えおののく。民族の血であり希望であり力である長子（創四九・3参照）がすべて例外なく、尊貴の区別なく死ぬのである（一一・3）。自分の長男はもちろん、人と家畜の初子が死ぬ。これはパロ自身の存在の土台を主が打ち砕くことである。死者を悼む嘆きの声が波のように続いて広がる。信じられない生々しい胸の張り裂けるばかりの絶叫である。モーセの口から語られる光景を見て、読者は近づく災害の恐ろしさに身を固くする（一一・6）。この報告は骨の髄に届く。この災難はイスラエル人の間ではどうなっているのか、読者は聞かされてただ驚くばかりである。エジプト人の間に起こっている最悪の不幸と完全な破滅と対照的に、イスラエル人は完全に平和と喜びの調和を享受している。人も家畜も髪の毛の一筋も地に落ちることはない。パロのものであるか、それとも主のものであるかによってまったく違う取り扱いになることは明らかである。だから誤読の余地がない程明瞭に示しているものは、イスラエルの神、主が災難を下し、イスラエルの脱出要求をパロに実行させる力を示すためであるとの目的である。ただパロへの要求がここでは表に出てはいない

（一一・7）。災害がこの目的のためであるとモーセは宣言している。実際これが最後の痛打になる（一一・1）。パロの家臣たちは、パロの代理としてモーセに懇願しに来る。それはモーセ、そしてモーセの中でモーセの主が全能者であり、自分たちも完全に主に依り頼むことを意味している。彼らはモーセが彼の民と共に去るように強く懇願する。彼がその地にいれば国に災難が起こるからである（Iサム五章六章参照）。家臣たちの態度は状況の変化を示す。役割は完全に逆転する。モーセは国外に出て行きたいと求めない（五・1以下他）。出て行って貰いたいと頼まれる（一一・8）。パロ自身がモーセを追い出す（一一・1）。族長たちに与えられた約束の成就を拒んで来た彼が、今や自分からあの新しい国の約束実現のための推進者になる。

モーセ脱出の書き方はこれまで伝えられた神の言葉の内容と完全に一致している。パロが死をもってモーセを脅迫した時（一〇・28）、モーセはおじけづくことなくパロの攻撃を余裕でかわし、自らが状況の支配者であることを証明した（一〇・29）。第一〇の災害を神が啓示し（一一・1―2）預言して（一一・4―8）、モーセが確実な反応を示しうる根拠を持っていることを証明した。確かに主はパロに最後の打撃を下すつもりであった。だから今モーセは追い出される者（一〇・18）としてではなく、パロのために祈る人（八・8、26、九・33、一〇・11）としてでもなく、パロに対して不吉な怒りを抱き、パロとの間の断絶が決定的で、災害が迫っていることのしるしとして出て行く（一一・8結び）。モーセは事実上敬愛される指導者なのである（一一・3b）。

災害の記述を一時中断

一一章

9 それから主はモーセに言った。「パロはお前の言葉に従わない。エジプトに対する私の奇跡は更
に多くなる」。
10 モーセとアロンはパロの目の前でこれらすべての奇跡を行なった。しかし主がパロを強情にした
ので、パロはイスラエル人を彼の国から去らせなかった。

筆者は読者をモーセと共にそこに残し、神の新しい啓示の証人とする（一一・9）。パロはまたも
や第一〇の災害の預言に応じない。読者は当惑する。これほどの災難を避けようとしない人がいるの
だろうか。主はモーセと読者に教えている。パロの反抗心は主の力の偉大さをかつてなかった頂点ま
で発揮させようとする積極的な目的を持っていると（九・15以下、一〇・1以下参照）。あの極めて
衝撃的な出来事を前面に示してから、筆者はエジプトの災害の話を一時中断する（一一・10）。モー
セとアロンは彼らの任務を模範的に果たしたが、パロに対する神の影響にも拘らず彼らの行動は目指
す目標には達していない（七・6参照）。パロが拒否し続けているのはモーセとアロンの責任ではな

い。一連の出来事の重大局面で、パロにとって運命的な災害が迫っている。ここでは今まさにモーセとアロンの役割がその性格を変えようとするのを筆者は適切と思っている。去らせるようにとの要求がパロに突きつけられることはない（一〇・28、一一・8）。パロとの対決における二人の役割はなくなった。最後の災害は主自ら執行する。今は主の代理者たちがパロの前で拒絶される時、主自ら直接介入する時である。イスラエル解放の栄誉は遂にただ主にのみ帰せられる。結局一二章から演出上変化する。イスラエルも六・9以来初めてであるが、出来事の流れの中でふたたび積極的な役を演じる。

第九の災害の様子とその終り

七・14までの物語の中で読者は主がパロに厳しく当り、イスラエルを去らせるとの確約を主の口から聞いた（三・10以下、四・21以下、六・1、6、七・3以下）。しかしそれは言葉にとどまっていた。イスラエルが絶えず圧迫され、重苦しい問いを発したし、主は民を憐れみ、彼ら自身の確かな国を与えようとの約束実現に向けて解放するという言葉である。確かにこの歴史が神によって指導された歴史であることは、一連の出来事を注意深く見抜く者にははっきりしていた。出来事を貫いている神の手が見える。あらゆる点でパロに対抗する力のある男、モーセがパロの前に立ち現われる。しかしパロに対して主が活動的な力をもって登場することについては言われていない。主もまた自分に対しては最小の権限しか主張できない（五・2）と否定する存在であるパロはこの言い分によって罰せられていない。厳しい方法をパロは使うが、主は使わない。手のつけられない暴君としてパロは振るまった。攻撃はパロの側から来た。イスラエル人に対する所有権は彼にあり、彼らは彼に仕えるべきであり、彼らは出国など口にしてはならないと考えていた。あの約束の実現に彼は強引に反対した。イスラエル人の数を減らしたいと思ったが、彼らがカナンに脱出することは妨害しようとした（一章、五章を特に見よ）。パロははっきりと姿を見せていた。主はそうではない。反対に主は隠れて言葉だけを語った。

状況は突然変わる。パロに向かって今や主自身立ち現われる。モーセとアロンが代理人である。パロは連続して打つが、イスラエルに対して稚拙であり全体的に弱り衰える。かつてなかったほどの厳しいやり方で、主には逆らうことができず、パロは主の主権がエジプト全土に及び、生と死の主である者がエジプトを捕え、汚し、無人の地にすると否応なく知らされた。パロは神の至高と捕らえ難さに屈服させられる（七・17、八・6、18、九・14、29、一〇・2、一一・7、以下も参照、七・5、一四・4、18）。そして民を出国させるようにと命じる主の要求にやむをえず服従するのである。

パロと主は戦い続ける。両者はイスラエルをめぐって論争する。一連の災難は力が誰のものであるか教えてくれる。攻勢に出るのは主である。パロは防衛できない。彼は死と滅びの淵に追い込まれ、彼の国土と国民のすべてを滅亡に引きずり込む。パロとの連帯は明らかに死との連帯を意味し、主とイスの連帯は逆に命との連帯を意味する（八・18、九・6、26、一〇・23、一一・7）。エジプトとイスラエルを異なる仕方で取り扱うことにより、イスラエルが自分のものであると主は強調する。パロは反撃しないが、彼の反応の仕方は読者の不安をかき立てる。パロは一種の非人間として振るまい、一つの純粋な強情さを響かせている。なるほど彼はどんどん譲歩に突き進んでいるように見えるが（八・4、21以下、九・28以下、一〇・8以下、24以下）、本当は立場上不屈を固く維持している。イスラエルは決してエジプトを離れることはできない（一・11）。あの土地の約束は絶対に実現してはならない、と。では世界の支配者である主自身激しい攻撃を加えてもパロの力に及ばず、遂にはあの約束は実現に至らないのだろうか。数々の災害は読者に強い印象を与える。驚くばかりの打撃を次々に加える。怒りの杯を一滴残さずパロに呑ませ、一〇に及ぶ災害がパロを襲い、イスラエルは主の保証によってたちまち確信する（四・30、31）。パロには一〇回の災害が必要だが、それでもなお事実上うち負かされなかった（一四・4、8、7以下）。決定的災害もまだ起こらず、解放の事業も遅れる時、読者は緊張し続け、希望と恐れの間を揺れ動く。ここで筆者は主が災害によってパロに圧力を加えるにはもう一つ別な目的を持っていることを読者に知らせる。パロの変わらぬ強情さは一つの役割を果たしているのだ。主が瞬時にイスラエルを解放せず、パロとの抗争を長引かせて遠回りさせているのは、主の力をしるしをもって広く知らせるためである。主が数多くの災害をパロに加えるのは、パロの側に力があるしるしではない。それは主の戦略であると考えられる。初めから終りまで主が状況を支配している。解放の栄誉の一切は主にだけ帰せられる。イスラエルとの関係で優位に立たせたのに、パロに主自ら機会を与えているのではない。パロの全く馬鹿げた振る舞いもまた主のわざである。解放の助けとなったなどと主張するいかなる権利もパロにはない。イスラエルの解放は決して人間の功績ではなく、ただまったく神の仕事である。読者はこの真理に深く貫かれている必要がある。パロの動かぬ強情さにも拘らずあの驚くべき救出が起こる。その栄誉はただ主のものである。続いたそれ以前の九回の災害の後、読者はもう一つの災害を見る。その惨劇は劇的な終焉に至る。パロと神の代理人モーセとの間に修復不可能な分裂が起こる（一〇・28、29、一一・8）。その瞬間、解放の事業に書き込まれる持続は一コマもない。パロの前でのモーセとアロンの役目が終る時、主とパロとの抗争は完全に一対一となり、主だけが自ら直接に介入する時刻が迫る。イスラエルの解放が遂に神のみの活動となる。旅立ち！　しかしまだそこでは行かない。九回の災害の後には、主が自らパロに決定的な打撃を加える確実さ以上の確かさをもはや読者は持っていないのである（一一・1、4以下）。読者ははりつめた緊張感を持って目を上げる。

パロの敗北、民の脱出　一二章1節—一三章16節

過越と種入れぬパン

一二章

1 その時主はエジプトの国でモーセとアロンに言った。
2「今から後、お前たちはこの月を初めの月とせよ。一年の第一の月とせよ。
3 イスラエルの全会衆に次の定めを与えよ。この月の一〇日に彼らは各家族毎に一頭の家畜を選べ。
家族単位に一頭の家畜を選べ。
4 もしある家族の人数が少なくて一頭の家畜では余る場合には、その家族の隣に住む家族と一緒に
なって人数と食欲を考え、家畜の大きさを決めよ。
5 その家畜は傷がなく、雄で一才でなければならない。羊か山羊の群れから一頭を選べ。
6 それからお前たちはその家畜を今月の一四日まで別にして置け。そして夜になったらイスラエル
の全会衆は例外なくその家畜を屠れ。

7 彼らはその血を取り、肉を食べる家の門柱とかもいにつけよ。
8 彼らはその夜、肉を食べよ。まず火であぶり、種入れぬパンと苦菜と共に食べよ。
9 肉は生で、あるいは調理して水で煮て食べてはならない。火であぶり、頭部も足も内臓も全部
（食べよ）。
10 お前たちは朝まで何も残してはならない。もし朝まで何か残るものがあれば、全部火で焼きなさ
い。
11 そのようにお前たちは食べよ。腰に帯をしめ、サンダルを足にはき、手に杖を持って大急ぎで食
べよ。これが主をほめたたえる過越である。
12 その夜私はエジプト全土を行き巡り、人と家畜のすべての初子を打ち、エジプト中のすべての
神々を罰する。私は主である。
13 しかし血はお前たちがいる家々の目印になる。私はその血を見てお前たちを通り過ぎる。こうし
て私がエジプトの全土を打つ時、お前たちの間ではどんな災害も起こらない。私は主である。
14 その日をお前たちは永久に覚えよ。お前たちはその日を主をほめたたえる祝いの日とせよ。子々
孫々に至るまで変わることなくこの祝いの義務を果たせ。
15 七日の間毎日お前たちは種入れぬパンを食べよ。その最初の日からお前たちの家からパン種を取
り除け。もし誰かが種入りパンを食べるなら、その者はイスラエルから取り除け。最初の日から
七日目まで（そのようにしなければならない）。

16 お前たちは最初の日に集まって聖会を開き、七日目にも集まって聖会を開け。その日にはどんな
仕事もするな。皆が食べるものだけは用意せよ。
17 お前たちは種入れぬパンの祝いを守れ。その日確実に私はお前たち一族をエジプトの国から導き
出したからである。だからお前たちはその日を祝え。子々孫々に至るまで変わることなくこれは
お前たちの義務である。
18 一月にはお前たちはその月の一四日の夕方からその月の二一日の夕とその夜まで種入れぬパンを
食べよ。
19 七日の間家の中にパン種があってはならない。誰であれもし種入りパンを食べたなら、その者を
イスラエルの会衆から取り除け。その誰かとは外国人であるか、同国人であるかを問わない。
20 お前たちは酸い味のパンをいっさい食べてはならない。お前たちは、どこに住んでいても、種入
れぬパンを食べなければならない」。
21 そこでモーセはイスラエルの全長老を呼び集めて命じた。「行って家畜を選び出せ。誰でも自分
の家族のために過越の食事のためにそれを屠れ。
22 次に一束のヒソプを取り、敷居の所で血にひたし、その血をかもいと二本の門柱に塗りつけよ。
その後、お前たちのうち誰も、そうだ、誰も決して朝まで家の入口を通って外に出るな。
23 主が巡り行きエジプト人に災害を加えるからである。また主が入口かもいと二本の門柱に血を見
る時、その入口を通り過ぎ、滅ぼす者がお前たちの家の中に入り込み、災害を加えることがない

ようにするからである。
24 お前たちはこの定めを守れ。これはお前たち自身と子供たちも常に従うべき規則である。
25 だから主が自分の約束通りお前たちに所有物として与える土地に入る時、お前たちはこのしきた
りを守れ。
26 子供たちが『このしきたりにはどんな意味があるのですか』とお前たちに尋ねる時、
27 お前たちはこう答えよ。『これは主の名誉のための過越の食事の儀式である。主はエジプトでイ
スラエル人の家々を通り過ぎたからである。その時主はエジプト人に災害を加えたが、私たちの
家族は救ってくださったから』」。その時、人々はひざまずいて真底崇めまつった。
28 そしてイスラエル人は行ってそのようにした。主がモーセとアロンに命じた通りに彼らは実行し
た。

過越と種入れぬパンの起源について沢山の疑問が考えられて来た。過越は初め遊牧民の祝いであり、種入れぬパンは収穫祭であるとしても、両者の関係はどうか等。主エジプト記の詳細解明のため、聖書テキストの精確な分析に伴う多くの問題に関する対話のためには、私の大註解書を参照して欲しい。今日の聖書テキストにおいては、イスラエルがどのように第一〇の災害をまぬがれたかを説明することで、過越制定の経過が明らかになる（一二・12、13、23）。過越の実施が主によるエジプト人とイスラエル人の区別を可能にしている（一一・7参照）。血のしるしをつけた家々では主が滅びの使者の侵入を妨げる。この

文脈の中に種入れぬパンを食べること、エジプトと区別するための酵母の除去、そして神との交わりという新しい命への前進がある（一二・34、39参照）。モーセとアロンに対する主の指示（一二・1―20）と民の代表である長老たちに対するモーセの指示（一二・21―27a、一三・3―16参照）は互いに補完するものと見られている。筆者は文字どおりすべてを語りはしない。彼はその情況の歴史記録を考慮する必要がないのである。主がモーセとアロンに語っている時、そこに読者も共にいて聞いていると筆者は心得ている。だから筆者は新しい要素を含む指示をモーセに語らせるのである。一二・22で「敷居」と訳したヘブライ語はしばしば「皿」とか「鉢」とか訳される。家畜は敷居の上で屠られたと想像できる。

パロに対する致命的な打撃が下る（一一・1）。主自ら直接すぐにも介入すると読者は予感し緊張して目を見張る。しかし読者は今まで数え切れない程何度緊迫した場面に立ち会ったことか。筆者は調子を変えて、主がモーセとアロンに与える指示を、時間をかけて読者にも告げる（一二・1―20）。指示はパロに関することではなく、イスラエルに向けられている。今からはイスラエルの一切はモーセとアロンの働きにかかっている。民がどのように過越を祝い、種入れぬパンを祝うべきか、事細かく厳密に説明される。言葉の多さに初め読者は当惑する。詳しい説明が解放の延期や減速であることを経験し、遅延がまさか取消しを意味するのではないか疑問に思った。しかし徐々に、過越と種入れぬパンの祝いが絶対に脱出を目指していることが読者の胸に迫って来る。過越は迫っている災害から民を守るために必要であり（一二・12以下、23）種入れぬパンが新しい命に入るために不可欠であるとわかって来る。そしてイスラエル人がモーセの指示に正しく従う様子を見て喜ぶのである（一二・21—28）。民は再び喜んで協力し（六・9参照）、脱出に向けて準備する。最後の幕がまさに切って落とされる。

長子たちの死

一二章

29 真夜中にその通りになった。主はエジプト国のすべての長子を打った。王座につく予定のパロの長子から獄屋にいた囚人たちの長子にいたるまで。家畜の初子もすべて。
30 夜中にパロは起き上がった。彼と彼のすべての家臣とすべてのエジプト人が起き上がった。そしてエジプト中に嘆きの声が響き渡った。死者が出ない家は一つもなかったからである。
31 その夜パロはモーセとアロンを呼び出して言った。「急げ、この国から出て行け。お前たちもイスラエル人も一人残らず。さあ、思い通りに主を拝め。
32 小さい家畜も大きい家畜も思いのままに連れて行け。ただし私のためにも加護を祈れ」。
33 エジプト人はイスラエル人を自分たちの国からできるだけ早く出て行かせるように手をつくした。このままでは自分たちは皆死んでしまうと思ったからである。

テキストをよく理解するためには、災害の記録に中で災害の告知とその到来の預言が補完し合っていることを当然考えなければならない（一二・29—33を一一・4—8と結びつけて読むこと）。災害は皆一緒になって一つの鮮明な災害像を描いている。

筆者はもはや読者を不安の中に放置しない。何行かの文章で恐ろしい悲劇を描写するが、その夜の最悪の瞬間、真夜中に（マタ二五・6参照）人と動物のすべての第一子は一撃で死んだ。それがエジプト人と彼らの所有物である限り死が襲った。無差別に例外なく打たれた（一二・29—30）。エジプト国内の最重要部が滅びたが、イスラエル人は髪の毛一筋も地に落ちることはなかった（一一・7、一二・12以下、23参照）。パロとの連帯かそれとも主との連帯か、それによって結果は完全に異なる。前者と結べば死に、後者と結べば命に至る（一二・12、13、23参照）。エジプトとイスラエルの扱いが違うことによってイスラエルが主のものであることが明白になる。

パロがその夜の最初の犠牲者となり、エジプト中に激しい嘆きの声が満ちる時、読者は他人の不幸を喜ぶような感情を押さえることはできない。パロはもっと賢ければよかったのに。読者は主の破壊の力に強い印象を受ける。主が命と死の支配者であり、主の命令には従うべきことは疑いない。主に直接接触したパロの反応はどうか、読者は待ち遠しい思いで様子を見る。本当にこれが最後の一撃になるのだろうか。

筆者は読者をパロの前に連れて行き、パロの反応がどうなるか見せてくれる（一二・31、32）。パロはこの破滅の原因がただ一つであることを悟る。主である。だからその代理人であるモーセとアロンを召喚する。つい先程は自分の安泰を願って二人を追い払ったのに（一〇・28）。今パロは動転して朝まで待つことができない。すぐに二人が欲しいのである。夜の闇がまだ続くことにも耐えられないし、死の恐れもある。交渉は何度もあった（八・4、21以下、九・28以下、一〇・8以下）。しかし今、読者はその対話の証人となる立場にはない。あらゆる点でモーセの求めに全面的に譲歩するパロの独り言を読者は聞く（一〇・24以下参照）。自分のために主にとりなして欲しいとパロはモーセに願い出ることまでする。災害の実情とその前の様子を見れば（一〇・17）、もはや災害の除去を願い出る余地はない。パロのただ一つの願いはイスラエルが去ることである。それが死の恐怖から逃れる唯一の方法である。とうとうパロは本当にイスラエルを外に出して、イスラエルに関する主の要求に従うのであろうか。読者はひたすらパロに耳を傾ける。モーセの求めに従ってイスラエルを出すと言う時、パロが強調すればする程、読者は心配になる。モーセの言葉にイスラエルを限定し、三日間だけ荒れ野に出ることをパロは認めようとする（三・18ほか）。イスラエルに対する自分の権利を確保しようとする。彼はイスラエルを出す、あるいは拒む権利が自分にあるとまだ考えている。この緊急事態とパニックの中で何の条件も言い出せない筈なのに、主の求めと約束の拒絶者たる自らの性質を捨て切れず、主が全能であり、並ぶ者のない神である事実に降伏していないことを示している。

読者にはパロの言葉を詳しく分析するための十分な時間がないのである。筆者は先を急ぐ。モーセがパロの前から出て行くことについては何も言わず、エジプト人の心理的状況について読者に告げている（一二・33、一二・30参照）。出エジプト記の中では初めてのことであるが、エジプト人がイスラエル人の存在についてどう思っているかをはっきり言っている。それは死そのものが自分たちと一緒にいるのと同じである。だから彼らはイスラエル人ができるだけ早く、しかも永久に出て行って貰いたいのである（一〇・7参照）。パロのそばには助けてくれる者は誰もいない（一一・10参照）。彼の家臣はもういない（一一・8）。要するにイスラエルの行く道を邪魔するものはパロであれ（六・1、一一・1参照）、ほかのエジプト人の誰かであれ、一人もいない。イスラエルが出て行くことに異論を唱える者は一人もいない（一一・10）。イスラエルは出て行けるのである。彼らは夜であろうと出て行かなければならない。パンを焼く時間がない程大急ぎで（一二・34、39）。

脱出

一二章

34 そこでこの民は、まだ発酵しないままのねり粉とパン種を衣服に包み、肩に背負った。
35 その時イスラエル人はモーセが命じた通りに行動した。彼らはエジプト人に金銀衣服をくれるように頼んだ。

36 主はこの民の求めにエジプト人が好意を示すように計らった。つまり民はエジプト人から奪った。
37 イスラエル人はラメセスからスコテに向かって出発した。歩く者六〇万人の男であったが、子供
と女と老人はその数に入っていない。
38 他民族出身の男たちも多勢いたが、その時一緒に出発した。小さい家畜も大きい家畜も、その数
はおびただしかったが連れて行った。
39 彼らはエジプトから持って行った種入れぬねり粉のパンを焼いた。つまり発酵するひまがなかっ
た。彼らがエジプトから追い出されたのであった。ねり粉を（発酵するまで）待てなかったし、
旅の食糧を自分たちのために用意できなかった。

筆者が肩にパンのねり粉を負わせて、と脱出の「準備完了」と言った後（一二・34）。脱出そのものについて語ることを見合わせる（一二・37）。脱出に際しては前に二度預言された（三・21、22、一一・2、3）出来事が起こる。主の隠れた働きによりエジプト人が出て行く者たちに財宝を与える話である（一二・35、36）。イスラエル人はパン用ねり粉だけでなく、エジプトの宝をも持って出る。

パロが防ぎたいと思っていたことが起こる（一・10）。イスラエルは約束の地に向かって偉大な一歩を踏み出す。大集団が動き出す（一二・37）。大いなる民の約束の成就（一・7）を読者は思い起こす。またこの民を殺そうと決意していたパロの計画が失敗したことにも気がつくであろう（一・5参照）。激減したのはエジプトであってイスラエルではない（一二・29、30）。パロ対主の戦闘で生き

のびたのはイスラエルである。イスラエルは強く雄々しく、堂々として大きい。自分には数知れぬ家畜があり、繁栄のしるしがあり、沢山の非イスラエル人に囲まれていることを知っている（一二・37、38）。だからこの民は出て行く。逃亡者としてではなく、秩序と調和のうちに（一二・41、51）。不安と恐怖がエジプト人を支配する。規律と自覚はイスラエル人の目じるしである。彼らの神が状況を支配している。読者の心は深く打たれ、歴史は主の不思議なわざに満ちていることに気づく。イスラエルの輝かしい脱出はこの主にのみ感謝を捧げるべきである。

まとめの注意事項

一二章

40 イスラエル人がエジプトに滞在した期間は四三〇年であった。
41 四三〇年の、正確に最後の日、主の民はこぞってエジプトの国を離れた。
42 それは主の栄光にささげた徹夜の夜であった。主が彼らをエジプトの国から導き出すはずだった。
その夜はイスラエル人は皆、子々孫々に至るまで主をほめたたえ、徹夜しなければならない。

過越、種入れぬパン、そして長子の聖別

一二章

43 そこで主はモーセとアロンに言った。「これは過越に関する義務である。よそ者は一人と言えど
もこれにあずかることはできない。
44 買い求めた奴隷も、お前が彼に割礼をほどこすまでそれを受けることはできない。
45 一緒に暮らす外国出身の雇い人は受けることはできない。
46 同じ一つの家族でその食事をする。肉の一部を家族の間から外に持ち出したり、その骨を折った
りしてはならない。
47 イスラエルの全会衆はその食事（過越）を祝わなければならない。
48 あるよそ者で一緒に暮らしている者が、主をあがめて過越に参加したいと願う時、男子なら誰で
も割礼を受ける時までその食事に参加してはならない。割礼を受けたなら、彼は当地の住人に等
しくなる。割礼を受けない者は誰も参加してはならない。
49 この定めは当地の人にも、その土地に寄留しているよそ者にも等しく有効である。
50 イスラエル人は皆そのようにした。主がモーセとアロンに命じた通りに彼らは実行した。

51主がイスラエル人をエジプトから導き出したまさにその日に、主は彼らを部族に分けた。

一三章

1ついで主はモーセに向かい、次の言葉を語った。
2「すべての長子を私のために聖別せよ。イスラエル人のすべての母の胎から生まれた長子は、人
であれ家畜であれ、皆私のものである」。
3そこでモーセは民に言った。「お前たちが奴隷の家エジプトから出たその日を記憶せよ。主がエ
ジプトに厳しい罰を与えてお前たちをそこから導き出した。だから種入りパンを食べてはならな
い。
4お前たちは初穂の月の今日出て行く。
5主がお前たちをカナン人、ヘテ人、アモリ人、ヒビ人、エブス人の地に連れて行ったなら、そこ
は主がお前たちに与えると先祖たちに誓った乳と蜜の溢れる土地であるが、この月のこの習慣を
守れ。
6七日間種入れぬパンを食べなければならない。七日目には主の栄誉をたたえる祝いを行なわなけ
ればならない。
7七日の間種入れぬパンを食べなければならない。その間お前たちの家に発酵したパンがあっては

ならない。パン種がお前たちの地所では手もとにあってはならない。
8 その日お前の息子たちにこう説明せよ。「私がエジプトを出る時、主が私のためにしてくださっ
たことのために（私はこの習慣を守る）」。
9 これはお前にとって手につけたしるし、または頭につけた目印と同じ働きをする。主にかかわる
教えがお前の唇にあるためである。このことをお前にはっきりさせる。主が重圧を加えてお前を
エジプトから導き出したことを。
10 その時期とこの義務をお前は年々果たせ。
11 主が誓ってお前と先祖たちに約束したように、お前をカナン人の地に導き、お前がそれを所有す
る時、
12 お前は、母の胎から最初に生まれたすべてのものを主に捧げよ。お前が所有する家畜の初めの若
い雄の初子はすべて主のものである。
13 ろばの若い初子は一頭の小家畜によってあがなってもよい。もしあがなわないならば、ろばの首
を折るように。お前の子供たちの中の長男はみなあがなうように。
14 将来お前の息子が「その意味は何ですか」と問う時、お前は彼に答えよ。「強い圧力を加えて主
は私たちをエジプトの奴隷の家から導き出した。
15 パロが強情になり私たちに逆らい、主がエジプトの国の人も家畜もすべての長子初子を死に至ら
せたので、私は習慣として母の胎から出たすべての長子初子を主に捧げる。私の長子はすべてあ

がなう。
16
これはお前にとって手あるいは頭につけるしるしと同じである。主が私たちをエジプトから強い圧力を加えて導き出した（これはそのことをお前にはっきりさせる）ことのしるしである」。

長子初子の奉献と長男あがないの制度の宗教的背景については私の大注解書第二部参照のこと。手や頭につけるしるし（一三・9、16）と共に、これは起源において特定の神への奉献のしるしである。

筆者が脱出の成功を読者に告げたので、読者は喜び感謝し、緊張は遠ざかる。そして主がモーセとアロンによってエジプトにいるイスラエル人に与えた指示について読者に語るべき時が迫っていると筆者は感じる（一二・43—一三・6）。過越に関する指示は災害の前にすでに与えられ、実行されていると読者は思っているに違いない（一二・50）。主がイスラエルを脱出させた場面を見て、主の指示の素晴らしさに感動した読者は、改めてその指示について思いを深めている、と筆者は想像する。そしてついに種入れぬパンと長子初子の奉献に関する指示を（一三・3—16）モーセのイスラエルに対する説教の形式で読者に印象深く刻みつけようとする。モーセは短い間に二度も説教する。災害と脱出の前にモーセはイスラエルに向かって、過越をいつまでも続けて祝うように命じる（一二・24—27ａ）。読者は脱出の日のモーセの長い説教を聞こうと用意する（一三・4）。エジプトにおける様々な出来事の実際的な意味が完全にはっきりする。

脱出に結びつく習慣の総括

脱出時のモーセの説教は（一三・3―16）出エジプト物語を締めくくる。モーセはイスラエル人の心に深く刻み込まれるように、脱出は主の力ある事業であると力説し、それを絶対に忘れてはならぬと訴える。出エジプトを常に記念するようにとの訴えはしばしば聞いて来た（一二・14、17、24―27a、42）。今までの多様な響きが今一つのハーモニーに到達した。モーセの説教は長く続くしきたりを繰り返し語り、実行するように訴える（一三・8、14。一二・27も参照）。特に一三・3―16は単なる付録ではない。脱出に結びついた指示の重要性とその指示を守って生きる必要性を説く説教の総仕上げである。この民とその子孫の中に脱出を根源とするしきたりの意味が浸透していなければならない。儀式の順守はイスラエル人一人ひとりの心を主によって実現した解放に（一三・3、9、14、16。一三・8、一二・17、27a、42参照）集中させる（一三・3、9、10、16）。そのようにして各自、主を知り、信頼し続けるのである。将来にわたって過去は主との関係の内容であり続ける。目指しているものがある。後世のイスラエルは出エジプトのイスラエルと一つであること、つまり出エジプトを自分たちの直接的経験として覚えることを目指している（申五・2以下、23以下、九・1、二六・17、二七・9以下、二九・10以下、三〇・15、ヨシ二四・5以下、詩九五・7b―9aその他参照)。「あらゆる時代にわたって各自は自ら直接エジプトから連れ出されたように思うべきである」。過去は二つの仕方で生き生きと保持される。一、礼拝の儀式によって見えるようにされる(一三・3、9、16。一二・14、17、25、42参照)。二、儀式の実行によって聞えるようにされる(一三・8、9「舌で」、14、参照一二・26、27a)。何の儀式によって。出一二—一三章の全体的要旨を理解するためにモーセの二つの説教(一二・24—27a、一三・3—16)を一つのものとして受け取る必要がある。そこには三つの儀式によって(納得以上に深く)過去は現在化される。過越と種入れぬパンと長子初子の奉献の儀式である。三つの儀式の働きは同じであって、平行に構成されている聖句に反映している。一三・5—(7)、一三・11—(13)(一二・25も参照)。一三・8、一三・14、15(一二・26、27aも参照)。一三・9、一三・16。

申命記の言葉であるが、慣行はイスラエルの民に対して、イスラエルは主に所属している(申七・6、一四・2、二六・18、19、出一九・6参照)のであるから主に捧げられ、主に所属し、主の力ある強い救いに感謝して主の命令を守って生きるべきことを明快にしている(申七・以下、二六・16以下)。

過越も種入れぬパンも長子初子の奉献も民の成員一人ひとりにとって重要な意味があり、神の救いを差し出し、主に自らを捧げるように呼びかけている。このことを背景にして主の命令(一三・2)を見る時、一三・11—16は主の戒め全体を照す光であると結論づけてよいであろう。ただしその強調点は長子初子が皆主のものである(一三・2)ことにではなく、主に聖別されることにあることに注意せよ。一三・11—16の真の目的はイスラエル全体の聖別奉献である。

あの解放を保全することは、イスラエルが自分は主のものであり、主に対して責任を負うものである事実にイスラエルを固く拘束する。また出エジプトの強い記憶は期待をも創造する。過去において主がその民を救い出した確かさは主のもう一つの新しい救いの希望を生み出す。後に過越を祝う時、目の前に迫る終末の時を迎える。初期ラビたちの解釈によれば、将来の解放は過越の祝いの夜に起こる。賛美と感謝の歌と並んで起こる希望と期待の歌は詩篇から出て来るが、キリスト紀元後一世紀頃すでに過越の祭で歌われていたことが知られている（ハレルヤの詩篇一一三—一一八篇）。セデルの夕べの過越ハガダを支配しているのは賛美、感謝そして希望である。例えば最初の招きに含まれる希望の言葉は「来たれ、飢えた者よ、食べよ。セデル（過越祭の食事）のない者は皆招け。われらと共に過越の食事を祝おう。今年は自由でなくても、来年は全く自由だ」。これは預言者エリヤの到来を待つ言葉であり（マラ三・23参照）、祈りでは「過越祭の聖別の夜のように、すぐにもう一度あなたの全能の力を現わしてください」とあり、エルサレムの町と神殿の再建を願う繰り返しの祈りでは「聖なる都、エルサレムをこの時代、すぐにも再建してください」「全能なるお方がすぐにもその宮を再建してくださるように、すぐにも……」とある。

ユダヤ教の信仰によれば、特に過越の夜に主はイスラエルに対する愛を現わす。アレゴリカルな解釈によってイスラエルに対する主の愛と見る雅歌が過越祭の祝いの書となっていることは不思議ではない。雅歌についてタルグムはメシヤ王国の到来を頂点とするイスラエル史と結びつけ、二・8—13

は過越の夜と解釈される。

記念、賛美、感謝、期待はキリスト教の聖晩餐にとっても基本的要素である（マコ一四・22以下、平行句、Iコリ一一・23以下参照）。過去を記憶して固く保持することは、そこではエジプトからの脱出と結びつくのではなく、キリストの出来事とむすびつく。申一六・3によれば、出エジプトはイスラエル人の全生活を支配するが、新約聖書の説教によれば、イエス・キリストにおける神の行動、あがないの死、暗闇に対する勝利そして復活はキリスト者の全生活を支配する。旧約聖書では脱出による主への帰属は倫理の帰結をもたらすが（特に出二三・9、申一〇・19）、新約聖書ではイエス・キリストへの帰属、彼の死と復活への参与が倫理の結果をもたらす（特にロマ六・1以下、IIコリ五・14、15、コロ三・1以下、エペ四・21以下）。

すでに新約聖書の中では過越の犠牲が特別にイエス自身と結びついている。ヨハネによる福音書の中でイエスの十字架と死が神殿における過越の犠牲の屠殺と奉献の時間に起こっている（一九・31、42参照）。このようにイエスが真の過越の小羊であることが明白になっている（ヨハ一・29、一九・36参照。Iコリ五・7、Iペテ一・19、黙五・6、8、12、一二・11とヘブ一一・28を見よ）。

パロの敗北、イスラエルの解放　一三章17節―一五章21節

もう一度脱出のこと

一三章

17 パロがこの民を去らせる時、神は民をペリシテ人の地に向かう道へと導くことはなかった。それ
が直通ではあったが。神は思った。「この民が敵に出会い、心を変えてエジプトに帰るかもしれ
ない」。
18 神は民が回り道を通るようにした。荒野に向かい紅海に向かわせた。イスラエル人は整然とエジ
プトを出た。
19 さてモーセはヨセフの遺骨を持って行った。ヨセフはイスラエルの子らに誓わせて「神がお前たち
を心にかけてくださる時、私の骨を必ず携えてここから出て行きなさい」と言っていたのである。
20 彼らはスコテを出て荒野のはしのエタムで天幕を張った。
21 主は常に彼らの前を進んだ。昼は雲の柱の中から道を示し、夜は火の柱の中から彼らを照らした

ので、彼らは昼も夜も前進できた。
22 昼は雲の柱がその持ち場を離れず、夜は火の柱が常に民の前を進んだ。

荒野(一三・18、20)、つまり不案内で危険な土地をあえて行く者は、飢えや渇きで死んだり、道に迷って案内人も見つけられなくなってしまうことがないようにする。一三・21、22の表現によれば、主自らイスラエルの案内人となり、昼間は大空に見える柱やくいのような雲の塊、夜は燃える焔の柱によって保護者となった。

脱出の日、モーセが与えた説教を書いた後、筆者は再び物語の本筋に戻る。言い方を変えれば、説教に続けてエジプトからの脱出について語るのである。すでにイスラエルの脱出については言っている(一二・37―39)。しかし改めて、前には言わなかった脱出の細部を読者に告げようとする。イスラエルの進んだ経路を示し、旅は出発からして主の指導と配慮と洞察の中にあり、ルートの選択も主の戦略の中にあったことを明らかに教えている。イスラエルは主の決定に従うべきであり、エジプトに戻ってはならないのである(一三・17―18 a)。主が立てた計画をイスラエルと共に実現する。一二章とは違う口調で筆者は改めて脱出の整然とした経過を述べる(一三・18 b、一二・41、51参照)。イスラエルは決して負けない、訓練され、自覚的な民だと言う。イスラエルの神が状況を完全に掌握している事実をイスラエルは行動によって示す。最後には、ヨセフが脱出を神の救いの歴史の中に位置づけて語った言葉に従って、その遺骨をモーセが持って出たことを告げる。イスラエルとその先祖たちにとってエジプトの滞在は、彼らの定めである約束の地への一つの段階に過ぎないのである（創五〇・24）。

筆者がスコテに到る旅の一段階を第二段階のための真の一歩として読者に経験させた後、第二段階の話をする。出エジプトがいよいよ始まる。一三・17—一五・21において移動を表わす動詞は広い場所を占めている。第二段階でイスラエルは荒野に入る（一三・20）。「荒野」の単語が響くや否やもう一度民を思う主の配慮を筆者は輝かせる。荒野はイスラエルにとって防ぎようがない。主自ら民のガイドになる。雲の柱と火の柱として主はその民を導く（一三・21、22）。

仕掛けられたわな

一四章

1 それから主はモーセに向かって次の言葉を言った。
2 「イスラエル人は戻ってミグドル海の間にあるピ・ハヒロートに、バール・ゼフォンの前でその
向かいにある海辺に天幕を張れと言う言葉と共にイスラエル人に身を向けよ。
3 その時パロはイスラエル人について考えるであろう。『その地で彼らはわなにはまった。荒野は

彼らの道を塞ぐ』。

4 その時私はパロを頑なにする。彼はイスラエル人のあとを追い、私はパロと彼の全軍の前で栄光を得る。イスラエル人は私が主であることを悟る」。彼らはそうなった。

主はその民を導いたが、それだけではない。主はまた次々に起こる出来事を一つ一つ導いた。荒野の手前で主がモーセに与えた指示を筆者は読者の前に広げて見せる（一四・1―4）。イスラエルは戻って、わなのような荒野のはずれに天幕を張れ、とモーセは命じる。荒野は入って来た道しか出て行ける道はない。荒野も山も海もほかのあらゆる道をふさいでしまう（一四・2）。読者はこの指示に驚くばかりである。主はどうしてこの民をそれほど危険な状況に連れて行くのであろうか。読者はモーセと共に神の動機を聞かせて貰う。この道はここでも神の戦略の一部なのである（一三・17、18参照）。この道は神の一つの戦術である。パロの結論は、わなに落ちたイスラエルは今なおエジプトにいて、わが権力下にある、であった。パロの知識はパロを行動へと駆りたてる。主の敵対者の役割を再びパロに選ばせてしまう。彼はイスラエルを国の外に出さないと心に決める（一・10参照）。パロは、イスラエルが自分にとっておいしい獲物であると思う（一四・3）。本当はパロが主によって設けられたわなに近づいている（一四・4）。主が全能者であることをパロもエジプトも知って従うように主はパロたちを導いている。イスラエルはモーセに従ってコースを変えたことを読者は知っている（一四・4の終り）。しかしパロたちは何が頭上にあるかを知らず、何の危険も意識していない。

パロが追撃に乗り出すなら、主はこのイスラエル征服の挙を防ごうとする。だが、それはどんなことであろうか。緊張のうちに読者は来たりつつある出来事に目を向ける。

エジプト人の追撃

一四章

5 その時エジプト王はあの民が逃亡したとの報告を受け、彼と家臣たちはその民に対する考えを変えた。彼らは言った。「イスラエルを逃がすなどどうしてできるか。われわれのために強制労働をさせられなくなる」。
6 王は馬車を用意させ、彼の軍勢を従えた。
7 王は最高の戦車六百台とほかのエジプトにあるすべての戦車それぞれに専門の将兵を配置した。
8 そして主はエジプト王パロの心を強情にし、イスラエル人を追うようにした。他方、イスラエル人は勝利したかのように出て行った。
9 エジプト人は彼らを追い、追いついた。一方彼ら（イスラエル）は海のほとりに彼らの天幕を張った。パロのすべての馬と戦車と乗り手は、つまりパロの全軍は、パエル・セホンの前にあるピ・ハヒロトで（追いついた）。

エジプトを出て一日目、二日目、三日目と読者もイスラエルとモーセと共に進んだのであるが(一三・17—一四・4)、筆者は読者をエジプトに戻し、エジプト人の「出撃」の目撃者にする(一四・5—9)。パロと重臣たちが輪を作って相談し、方針を決定した。イスラエルの脱出はそこでは逃亡として論じられていることを読者は知る。イスラエルは荒野で三日間だけ巡礼することが許されたのではなかったか(一二・31、32参照)。イスラエルは逃げるのだと思ったパロと家臣たちは酔いから覚めたようになり、彼らの最初の計画を思い出す。イスラエルの人口の増加を阻止すること、イスラエルが国を去ることの禁止、つまりイスラエルが心に抱く約束実現の壊滅が彼らの決めごとであった。重臣たちの間にあった不和もパロと重臣たちとの衝突ももう問題にならない(九・20、一〇・7と一一・8?)。今ここで読者はパロたちとの最終対決を経験するのであるが、パロと重臣たちは固く一致団結する。みなイスラエルの脱出を悔やむ。パロは依然として自分がイスラエルの支配者であると思っているし、まことの主に降伏していないことに読者は気付く。

場面は変わる。しかしパロはなお家臣たちと共に考えている。だが次の瞬間彼は行動を起こす。エリート軍団を召集する。それは最高の戦車隊からなり専門の将校たちが指揮を取った(一六・6、7)。がむしゃらな追撃が開始された(一四・8a)。結果はどうなるだろうと心配になった読者は自問する。筆者がイスラエル人の様子を垣間見せたのでこの問いは深刻になる。彼らは迫り来る危険について何も知らず、勝ち誇った気分のままである(一四・8b)。しかし再びエジプト人に目を向ける読者はどうか（一四・9）。彼らはイスラエル人に追い迫っているではないか。筆者はエジプト軍のルートや途中の様子については何も言わず、ただ彼らの到来と接近だけを告げる。簡潔な記述は軍勢の疾走を想像させる。彼らはまたたく間に姿を現わす。移動よりも軍隊の戦力を詳しく説明する（一四・6、7、9）。その圧倒的で無敵の軍勢がイスラエルの目と鼻の先に迫っている。逃げ道はどこにもない（一四・9）。この状況を見て読者は意気消沈する。運命の車輪は完全に元に戻ってしまったように見える。パロには打ち負かされた気分は何一つない。勝利を確信しているようだ。これまでになめたあらゆる敗北にもかかわらず——どんなにか不安だったことか——、彼は決定的な敗北を知らず、いつも繰り返して主に反抗する姿勢である。主のあらゆる努力は水泡に帰したのであろうか。エジプト脱出と共に新しい土地の約束も、解放を目の前にしてエジプトの国境まで来たのに、すべての希望は打ち倒され、消えてしまうのであろうか。神の疑いもなく善意の戦略がイスラエルを犠牲にしてしまうのではないか。

イスラエル、パロを選ぶ

一四章

10 イスラエル人は近づくパロを見た。エジプト人が追って来たことに気付いて恐しく不安になり主に向かって叫んだ。

11 彼らはモーセに言った。「エジプトには墓がないので俺たちを連れ出し荒野で死なせようとするのか。エジプトから連れ出して俺たちをどうしようと言うのか。

12 エジプトにいた時、俺たちはお前に頼まなかったか。『放っておいてくれ。俺たちはエジプト人のために強制労働でも何でもやるつもりだ』。荒野で死ぬよりエジプト人のために強制労働を続ける方が本当の所、いつも俺たちの利益なのだ」。

筆者は読者をイスラエル人の天幕の様子を見せて、エジプト軍追撃の光景を見せなかったので、読者の不安は大きくなっていた。筆者は今詳しくそのエジプト軍を取り上げる（一四・10—22）。エジプト軍がイスラエル人に近づくや否や筆者は物語の中では軍をその場に釘づけにしてしまう。軍隊が疲れたとか、夜になってしまったからという理由ではなく、パロの接近を見た時のイスラエルの反応を描くために筆者は十分な時間を必要としたからである。エジプト全軍の滅亡の準備ができた時には、筆者は再び軍を動かす。神の戦略（一四・3、4）を知らないイスラエル人はモーセと違ってパロの全軍を見てパニックになり、たちまち死んでしまうと思う（一四・10—12）。彼らは主に向かって叫ぶが、すぐに皮肉を込めてモーセに向き直り、沢山の言葉をもって自分たちはパロの側に立つと叫んだ。読者は混乱する。ちょっと前まで自覚的であったイスラエル人が（一三・18b、一四・8b）、今や自分たちは主に従うよりも危険の少ないパロに仕える、パロに従う道を選ぶ、とモーセに食ってかかる。筆者はパロと家臣の感情の変化を直接法を用いて生き生きと描いたように（一四・5）、ここでも同じ直接法によってイスラエル人の感情の変化を見事に伝えている。パロだけではなく、彼らも土地の約束（一四・11、12）の成就に逆っている。モーセに対する彼らの非難の中に、実はその彼らが、イスラエルの歴史における神の偉大な救済である出エジプトを、どたん場で疑問視するのである。主が行なったすべての奇跡をほんの少し前に見たばかりなのに、忘れられている。主とその使者に対する信頼はどこにも見られない。

モーセの答、主の答

一四章

13しかしモーセは民に答えた。「恐れるな、しっかりせよ。そうすれば今日主がお前たちにくださる救いの証人になるのだ。目の前にいるエジプト人と二度と再び出会うことはない。

14主がお前たちのために戦うから、静かにしていなさい」。

15その時主はモーセに言った。「お前はなぜ私に向かって叫ぶのか。イスラエル人に前進を命令せよ。

16杖を握りその手を挙げ、海の上に差し出せ。海は割れ、イスラエル人は海の中の乾いた地を行く。

17私がエジプト人の心を頑なにするのでイスラエル人を追って来るのだ。パロとその全軍の前で、その戦車とその乗り手の前で私はわが栄光を輝かすことになる。
18私がパロとその戦車とその戦士の前でわが栄光を輝かせる時、エジプト人は私が主であることを知る」。

主の問いかけの真意は（一四・15）もしかすると「叫ぶのはやめよ」かもしれない（なぜならパニックになる理由はないのだから）。モーセの発言に対する叱責は発言する者を驚愕させる。一四・13、14の揺るがない勇気の後であるから尚更である。しかし実際は主に対して叫んだのはモーセではなく、民である（一四・10）。明らかに異なる伝承が不完全な仕方で結び合わされている。この文脈では主の発言は民の叫びに対する主の反応として単純に読むことができる。代表であるモーセの名において民が叱責されるのである。

モーセの態度は印象的である。この危機的瞬間に彼は冷静さを失なわなかった唯一人の人物である。主の代理者として主の戦略に通じ（一四・3、4）、主によるエジプト人からの決定的解放を告知している（一四・13、14）。確信に満ちて彼は語る。読者は主に対する信頼を取り戻す。しかしなお緊張は残っている。モーセの謎めいた不思議な説教を聞くからである。将来にわたってエジプト人との衝突を主はどのように不可能にしてくれるのか。部分的ではあるが、将来にかかる不安のヴェールは、民に答えて主がモーセに与えた指示によって取り除かれた（一四・15—18）。海の中に道が現われ、エジプト人がむこうみずにそこに入り込んで来ることは読者も知ることができた。しかし主の優越した力がエジプト人に勝つことを主はどのように確信させてくれるのだろうか（一四・17、18）。モーセにも読者にもそれは依然として隠されたままである。時が来ればわかることであるが、それはモーセに与えられた指示にまさって驚くべきものであることが明らかになる。

主はパロとエジプト人に主の権威を決定的に知らせる

一四章

19その時、今まで常にイスラエルの群れの前を進んだ神の使いは、彼らの後に来た。つまり雲の柱
が彼らの前から後に来て立った。
20それがエジプト軍とイスラエルの群れの間に来た。その時それは（一方では）黒い雨雲の姿を取
り、（もう一方では）夜を照らし、一晩中続いたので、一方は他方に来ることができなかった。
21モーセは手を海の上に突き出した。その時主は一晩中吹く強い東風によって海を流れ去らせた。
このように主は海を乾いた大地に変え、水は二つに引き裂かれた。
22イスラエル人は水を横切り、乾いた地の上を進んだ。水は彼らのために彼らの右と左に城壁のよ

うになった。
23 エジプト人は彼らの後を追った。パロのすべての馬も戦車も操縦士も彼らを追って海の中に来た。
24 ここで夜が明け、主は火と雲の柱からエジプト軍の上にその目を向けた。主はエジプト軍が恐れの叫び声をあげさせた。
25 主は彼らの戦車の車輪がゆがみ、前に進めないようにした。そこでエジプト人は言った。「イスラエルの前から逃げ出そう。主が彼らに味方しわれわれを敵にして戦うのだから」。
26 そこで主はモーセに言った。「お前の手を海の上に突き出せ。水はエジプト人と戦車と乗り手の上に流れ戻る」。
27 モーセは手を海の上に突き出した。その時、明け方に海は元の場所に流れ戻った。一方エジプト軍は逃走したが海に真向かって行ったのだ。主は彼らを海の中に倒れ込ませた。
28 水は流れて戻り、戦車と操縦士と後を追うパロの全軍を覆った。誰一人生き残った者はいなかった。
29 しかしイスラエル人は海の中央をまっすぐ貫いて乾いた土の上を進んだ。水は彼らの左右で彼らを守る城壁のようであった。

モーセが出発を命じたことは前提である（一四・15）。事態がそこまで進む時、イスラエルのガイドが活動を開始する。一三・12には主自ら絶ず民に道を示したと言われている。一四・19aの表現によれば、ある親しい人のような使者によって主自身が登場している。一四・19bでは使者である雲の柱の表現と結びつけられる。読者は明らかに雲の柱を天の使いがいる場所と考えるであろう。一四・24も参照せよ。主の使いと主自身との間には流動的な転換が起こっている例が何度もある（三・2、4参照）。雲の柱の移動は、イスラエルが後退し、エジプト人が前進しなければならないとの印象を与えるが、その意図は明らかにエジプト人をモーセに向かわせ、モーセの視線は海に向けられる所にある（一四・16、21）。出立の間に夜が来たことは当然である。雲がいつもとは違う位置にあるだけではなく、この状況では夜間の姿も違っている。雲はイスラエルだけを照らすのである。雲はエジプト軍をイスラエルに勝利させないように邪魔し、イスラエルが無事に進むことができるようにする。一四・24に描かれる状況はそれに続くものと考えなければならない。まだ暗いのであるが、エジプト人はイスラエル人を追って海に入る。主は彼らの方に身をかがめ、火の柱が自分を照らすようにする。突然の光に照らされエジプト人は自分たちがどこにいるかを知ってパニックになる。

祈り（一四・10）、対話（一四・11—14）、主の指示（一四・5—18）、それから物語の中に動きが起こる。読者は他に比べるものない出来事の証人となる（一四・19—28）。語られてはいないが想像できることがある。モーセに勇気づけられた民は（一四・13、14）、モーセに従って海の方に進むのである（一四・15参照）。その時燃える雲の柱はその位置をイスラエルの群の後、つまりエジプト軍とイスラエルの民との間に移す。柱はエジプト人を闇の中に、イスラエル人を明るい光の中に置く。だからイスラエル人はどんな活動もできるのである（一四・19、20）。パロに結ばれるか、それとも主に結ばれるか、そこにまったく扱いが違う。一方は光に進み（一〇・21―23参照）、他方は暗闇に落ちる。イスラエルとエジプトの分離によって、イスラエルが主に属することを主が強調しているのである。

そこで告知されていたことが起こる。モーセが海を踏んで立ち、手に杖を取り不思議な動きを見せると主は東風を吹かせる。海の中に道が出来る。道は高い水の壁の間にある（一四・21、22）。読者は神の不思議な力に深く感動する。風も水も神に従うのである（マタ八・28参照）。しかし神の不思議な力はパロを容易に圧倒する程大きいのだろうか。筆者は今まで何度もエジプト人の動きとイスラエル人の動きを区別して来たが、今は両者を一緒に緊迫した危機的状況に置いている。告知されていたことが（一四・17）起こっているのだ。エジプト全軍も海に入って来た。彼らは首尾よくイスラエルを攻略するのだろうか。チャンスが現実となるその瞬間に主が介入する。主が照らす明るい光によってエジプト人は自分たちがどこにいるかを知ってパニックに陥り叫び出す。とても秩序を保って前進できる状態ではない。自分たちの装備をちゃんと扱う能力を喪失した。彼らがなしうることはただ一つ、逃げる、である（一四・23―25）。混乱したエジプト軍が立派な戦車を捨てて右往左往している姿を見て、読者は他人の不幸をひそかに喜ぶ思いを禁じ得ない。エジプト人は経験から深く学んで、主に対して従順になることができなかったのであろうか。主はイスラエルを差し迫ったとらわれから救い出したが、事はそれでおさまりはしない。逃げるエジプト人は隠然たる脅かしを受け続ける。だから彼らは逃げようにも逃げられない。

モーセは向こう岸で、主の指示に従って願文を唱えながら杖をもう一度突き出した。水が元に流れ戻るようにとの明確な狙いがあった（一四・26）。その通りになった。エジプト軍は逆流する水に向かって逃げた。彼らは押し戻され、一人残らず滅ぼされた（一四・27—28）。パロが彼の全軍と共に死ぬのを見て読者は大喜びである。危険は完全に去った。パロは主との対決において自ら墓穴を掘った。あの約束の実現に反対する者という彼の役目は最後まで演じ抜かれた。あの蛇の奇跡（七・10—12）と一〇回の災害の後、この一二回目の主の奇跡はパロと全軍の滅亡であるが、主はパロとエジプト人に恐ろしい仕方で未来永劫、力と権能はことごとく主の手にあるとの事実を証明した（五・2、七・5ほか）。彼らが滅びる前に、彼らの相手が主であり（一四・25ｂ）、主との戦いは自分たちの敗北に終ることを知って告白できた筈である（ヨシ一〇・14、42参照）。彼らの滅亡は主こそ生と死の主権者であり、服従を要求する者であることを証明している。だからエジプト人の滅亡は主に対する服従への呼び掛け、最後まで抵抗せず、主の主権を認めるようにとの呼び掛けである。パロと軍勢の運命は特にイスラエルにつきつけられた教訓である（一〇・2参照）。敵自身が主はイスラエルに味方して戦う（一四・25）と告白しているのであって、イスラエル自身の中には、主が自分たちを主の民として選び味方しているということに何の疑いもないはずであろう。読者はモーセへの激励（一四・13）の内容が今や十分に実現し、今やエジプト人のうちに恐れとなる者は一人もいないことを知る。生きのびた者は一人もいないからである（一四・28ａ）。読者は音楽を聞いているようだ。害悪は根こそぎ取り去られた。

イスラエルは主を、そしてモーセを選ぶ

一四章

30 このようにこの日主はイスラエルをエジプトの力から解放した。いまやイスラエルはエジプト人らが海岸に死んでいるのを見た。
31 主がエジプトに絶対的な打撃を与えたことをイスラエルは感じた。民は主の前に大いに恐れて立ち、主と主の使者であるモーセを信じた。

読者は自問する。イスラエル人の処遇はエジプト人の処遇に比べてあまりにも違う（一四・22、29）。イスラエル人にどんな反応が起こるだろうか。その反応も読者を非常に喜ばせる。朝日の光に照らされたエジプト人のしかばねをイスラエル人が見た時、読者はすでに知っているが、イスラエルは永遠にパロとエジプト人から解放されたと実感したのであった（一四・13参照）。仮定の話だが、もしイスラエルがエジプト人の滅亡を見ず（一四・23―28）、主がその活動を暗闇の中でだけ実行しただけであったらどうだろう（四・24、Ⅱ列一九・35参照）。論じる余地のないほど明白な証拠がここにある。パロとの結合と主に対する敵対の結果は死であり、他方主との結合は命と自由をもたらす

事実である。死体どもは主の勝利のしるしである。エジプト軍の力に対する恐れは（一四・10）、主に対する畏敬とモーセに対する信頼に席をゆずる（一四・30—31）。民は主のものになる。これまで主とモーセに対立したパロとの間で絶えず揺れ動いていた民（四・31、五・21、六・9、一二・27、一四・10）は主を認め、モーセを主の代理者また指導者として認めた。モーセは言葉（一四・13、14）と行動（一四・21、27）によって本当の神の使者であることを証明した。要するにパロの奴隷が主の奴隷に変ったのである。約束の地への旅は主と民との一致のもとで始まる。道中、主との特別な関係を邪魔するものは何もない。

賛美と告白

一五章

1 この機会に主の栄光をあがめてモーセはイスラエル人と共に次の歌を歌った。
私は主の栄誉をほめ歌おう、
主は最高の輝きを現わした。
馬と戦車の乗り手を
海に投げ込んだ。

2 主は私を守る者、私の賛美の泉。
主は私の救い主。
主は私の神、私はたたえる。
私の父の神、彼を私は賛美する。
3 主は戦士。
彼の名前は主。
4 パロの軍車と軍勢も
海の深みに投げ込まれ
パロのすぐれた将官たちも
紅海に沈められる。
5 溢れる水は彼らを覆う。
彼らは石のごとく渦に沈む。
6 あなたの力のわざは、主よ、力をもって恐れさせ、
あなたの力のわざは、主よ、敵をこなごなに打ち砕く。
7 あなたはおごそかな崇高さをもってあなたの敵を打ち倒す。
あなたは怒りの息を吹き放ち、
敵をわらのように焼く。

8 あなたの鼻の息によって
水は盛り上がり、
荒浪は壁のように立ち上がる。
海の底でふくれあがる水は固まる。
9 敵は思った、
「私は追い駆け、追いつき、
分捕って分け合う。
敵を殺す私の欲望は彼らで満たされる。
剣を引き抜き
わが手は敵の息の根を止める」。
10 あなたは息を吐き、鼻を鳴らす、
海は彼らを覆う。
彼らは鉛のように沈んで消えた
重々しい水の中に。
11 主よ、神々の間であなたは誰に似ているか、
聖にして荘厳なあなたは誰に似ているか、
輝かしい働きはたぐいなく、

驚くべき出来事を起こすあなたは。
12 あなたは力強く活動し、
大地は彼らを呑み込んだ。
13 あなたは愛をもって導き
この民をあなたは救い出した。
あなたの力強い働きのあらわれは彼らを休ませた
聖なる大地に。
14 諸国民は聞いて震えた。
ペリシテの住民は不安に襲われた。
15 そうだ、不安に捕らわれた
エドムの族長たち
モアブの長たち、
彼らは震えが止まらない。
すべてカナンの住民は打撃を受けた。
16 彼らの上に臨んだ
恐怖と震えが。
あなたの圧倒的な介入によって

彼らは不安によってこわばり
あなたの民が通り過ぎるまで、主よ、あなたが存在へと呼び出したこの民が通り過ぎるまで、
17 あなたが連れ出し、植えた
あなたの領地の山に
住むために備えた場所
主よ、あなたが備えた
聖所、主よ、
そこはあなたの手が建てた。
18 主は王である
いつもそしていつまでも。
19 なぜならパロの馬は戦車と乗り手と共に海に入ったが、主は海の水を彼らの上に戻らせた。しか
しイスラエル人はあたかも乾いた地を進むように、海を通って行った。
20 その時アロンの姉妹で女預言者のミリアムが手に鼓を取った。女たちは手に鼓を取って彼女に続
いて輪舞を舞った。
21 ミリアムは彼らに応じて歌った。
主をたたえて歌った。
主が自ら栄光を現わしたから。

馬を乗り手と共に、
主は海の中に投げ込んだ。

主が与えたイスラエルの解放と敵の滅亡がここで歌われていると共に、将来の出来事も展望されている。荒野を通る旅、コラ、ダタン、アビラムそして彼らの財産の絶滅（一五・12。民一六・30以下参照）、カナン人とその近隣の民の地の通過（一五・14—16、申二・4、ヨシ二・9以下、五・1、九・9参照、その他民一四・39以下、二〇・14以下、二一・1以下、21以下、二二・1以下参照）、聖地におけるイスラエルの定着（一五・13）＝山の上（一五・17）＝シオン／エルサレム、主の聖所の場所。一五・19はこの歌の補足の説明であり（例えばヨシ一〇・13b—14、ヨシ一〇・12b—13bも参照）、明らかに後の附加である。この歌はパロの軍勢の滅亡時のイスラエルの運命については触れていない。だから一五・19では出一四章に連続するイスラエルの奇跡的救出が照し出され、パロと彼の家臣たちの哀れな運命と比較されている。「彼らに応じて歌った」（一五・21）の「彼ら」とは恐らくモーセとイスラエル人の男たちが考えられている。女たちは彼らに答えて折り返し（一五・1参照）を歌った。

主に畏敬と信頼を覚え、解放感に溢れ、口はとても沈黙しているわけにはいかない（詩一〇六・12）。モーセは解放してくれた主を喜び歌わないではいられない（出一五章、ユデ一六章、黙一五・2以下参照）。主が驚くべき働きを物語った。だから筆者は海辺に立ってイスラエルの賛美の歌を口にのせる。彼らの歌は主の働きによってパロと軍勢が滅びたことを感謝する以上のものである。歌は時間の限界を飛び越える。確かにイスラエルが海の中を通り抜け、エジプト人が滅びたことは歴史的事実であるが、この事実は主がイスラエルを選び、シオンを主の住居とする根拠になるし、主がイスラエルの王となる基礎である。パロからの解放によってイスラエルは主の民になった（一五・13、16）。主によるパロと軍勢の滅亡は敵に対する勝利以上である。一事が沢山の豊かな結果をもたらす。主のすべての敵はそのニュースを聞いて驚きのあまり気を失う（一五・14―16、Ⅱ列二〇・29参照）。主は完全な勝利を手にし、その民が難なくシオンへの道を進み、そこに定着できるようにした（一五・13、17）。こうして主が他の神々に遥かにまさり（一五・11）、王であること（一五・18）を証明した。

結局、この歌は信仰の表明である。イスラエルが主の民であり、シオンが王の玉座であると告白している。この信仰告白は海辺でイスラエルの口に置かれ、その諸項目はイスラエルの信仰の中心的主題である。パロのくびきからの解放と結びつけられ、父祖たちの信仰、更に権威ある信仰の告白になって行く。筆者は読者に父祖たちを模範として示している。主を畏敬し信頼する父祖たちは、イスラエルと主の間にある所属関係、世界の王の住居とするシオンの選定を確信し、主がイスラエルをエジプトから連れ出し、シオンを主の王権と祭儀の中心とし、神礼拝のために聖別することを知っていたと示している。

主に対して感謝に溢れている者は黙っていることはできない。彼は主をほめたたえる。古代人は歌う言葉に満足し、そこに留まることはできない。全身をもって神を賛美する（一五・20）。歌は踊りを伴う。そして歌い語る言葉に力が入る。礼拝には人間全体が含まれる。狭い窮屈な長椅子にじっと座って動かないのではなく、必要に応じて体を動かして喜びを現わせる礼拝。カルヴァンの相続人プロテスタントたちは、彼の解釈に従い、礼拝の中でタンバリンを打つことは愚かであると思い、それは民族の習慣である、キリストの到来によって廃止された律法の儀式の一部であると類型化する彼らには、これは殆ど考えられないであろう。カルヴァンによれば、福音の求める簡潔さこそ純粋に有益であるというのは、これまた疑わしい。「今日、パレードは政治デモの専門的企画者の手にゆだねてしまい、ダンスもダンスの専門家にまかせてしまった。教会の中でシムハト・トーラー(律法の喜び第八、スコテの祝)を輪舞と歌で祝うことがどんなに重要であるか殆どわからなくなっている」(M. A. Beek)。この最後の発言を付して最終段落の事実上の始まりとしよう。

通過の展望

パロと全軍が海で滅びる時(一四・28)、物語は暫定的であるが一つの頂点に達する。主を真の主権者と認め、モーセを主の代理者として認める時(一四・31、Ⅱ列二〇・20参照)、物語は完結する。イスラエルと主は互いに完全に献身し合う。出一四章は主の栄誉を賛美する歌によって頂点また完成として確定した(出15章)。その働きは驚くべきものであり、ラビの解釈では、赤子も胎児も天使も、またベン・シラ一〇・21によれば口の不自由な人も賛美の歌を発する。

読者は何度も何度もイスラエルが反抗し、不信に陥る姿を見（一五・24）、その度に主が新しい奇跡をもって答えることも見過せない。ただここでは海を渡り終えてから民の反応がどうであったか、それだけを記述する。それもイスラエルの通過とパロの没落を独自な出来事にしている。

海の通過の物語はイスラエルの解放のソリ・デ・グロリヤ（神にのみ栄光）を印象的な仕方で強調する。解放はまったくただ主のお蔭である。出一四章が出来事の展開に際してモーセにも一つの役目を割りあててはいるが（一四・13以下、21、27）、出一五章ではいかなる意味でもモーセの行動が主の役割を小さくする余地がない。それは疑いないことである。賛美の歌はいかなる人間のためにも歌われることはない。モーセ自身テ・デウム（あなたを神とほめ歌う）を歌い始める最初の人（一五・1）であって、主にあらゆる栄誉を帰している。主のみ王であってほかにはいない（一五・18）。主がエジプト人との戦いを開始した。イスラエルは手を出す必要はなかった（一四・14参照）。この民はエジプトの圧倒的軍勢を見て使者モーセに断然逆らった（一四・11、12）。そして神が自分たちに味方して共に進む事実を疑った。誰もどんな貢献もしなかった。イスラエルの解放に役立つ功績は、一ミリほどもなかった。それはパロもエジプト人にも勿論なかった。彼らがイスラエルの脱出に許可を与えたなどと誇ることは絶対にできない。最後まで彼らはイスラエルを掴んで離さなかった。

パロの没落とイスラエル解放の歴史は主が世界の主権者であることの積極的な証明である。主は宇宙の力である水と風、雲と火を主の民の解放と主の敵の滅亡のために動かすことができる。敵が戦いのために用いる武器は役に立たず、醜悪ですらある。主はそれらの武器を無力化して放棄させる（一四・25、士五・21以下）。戦いの終着は戦士の数や優劣あるいは投入された兵器によらない。それは出一四章―一五章において恐ろしいばかりの輝きのうちに様々な用語で説明されているが、主導権を握っているのは主である（申二〇・1以下、ヨシ六・2以下、士七・2、9、Ｉサム一七・46、47、Ⅱサム五・22以下、Ⅱ歴二〇・15以下、対照例としてエレ二一・4、5を見よ）。主は少しばかり息を吹きかけるだけで、敵はまったく恐れおののき（一五・10）、ほかの敵対者も恐怖におりつく（一五・14―16、Ⅱ列二〇・29参照）。要するに海中通過の出来事は神に対する信頼の呼びかけであり、自分の目で見なかった者たちに対する呼びかけでもある（ヨハ二〇・29参照）。主に対する信頼によって人は安全であり続けるのであって、自分の力を依り頼むことによるのではない（Ⅱ列二〇・20、イザ七・4、9、三〇・15以下、三一・1、3）。

海中通過の歴史は未来への希望を与える。主が初めも今も、いつも永遠に同じ主であるとの信頼に基づいてエジプト人に対峙する主の行動は解釈される。彼らの行動は主に逆らう、特に繰り返し逆らう敵に対する行動の範例である。慰めと励ましがこの歴史から与えられる。ラビの解釈によれば「主は彼らに味方して戦う」（一四・25）は、あらゆる時代のイスラエルに敵対する者に対する戦いを強調して表現していると言う。ラビの解釈では動詞の未完了形を用いている所からこの詩は未来の歌であると結論づける。一五・6にある粉砕はエサウ＝ローマに当てはめて具体的な未来のことと理解する。一五・7の「打ち倒す」も未来の敵の滅亡を指している。「驚くべき出来事を起こすあなた」（一五・11）は未来に関係する。未来の勝利にも歌が続くと期待される。「新しい歌」である（イザ四二・10、詩一四九・1。黙五・9以下、一四・3、一五・3以下参照）。脱出は新しい脱出と海の通過の可能性を望み見ている（例えばイザ一一・15、三五・10、四〇・11、四九・9、10、五一・11、五五・12、エレ一六・15、二三・8、エゼ二〇・33以下、41）。主が宇宙的諸力を用いるのはイスラエルのためであり、戦いを前にして主が新たに出撃し、悪の力を決定的に打ち滅ぼす未来を望み見させる（詩九三篇以下、エゼ三八、三九章、黙二〇・7以下参照）。イスラエルが事実として海の通過とエジプト人の滅亡を経験したのはそれがイスラエル自身の存在の構成要素になるためである。従って海の通過が創造の出来事、宇宙的諸力の抑制、そして新しい創造展望の扉を開くこととして語られているのは驚くに当らない（イザ五一・9、10、詩七七・17、七八・13a、一〇六・9a、一一四・3a、5a）。

海の通過物語は、パロからのイスラエルの解放を出エジプト記の枠の中にあるが、それを越えて族長たちの受けた約束の実現を目指す新たな段階を目指すものへと引き上げられた。ユダヤ人がそうしただけではなく、キリスト教徒もまた同じことをしていて、海通過の物語を一つの比喩的物語として読んだ。神による暴君の没落は抑圧され迫害されたキリスト教徒たちに権力者たちの没落の希望を与えた（Ｉサム二章、ルカ一・46以下参照）。海中通過はイスラエルにとっては新しい存在への飛躍を意味する。それは彼らの精神を変革した。彼らは「古い人」（一四・11、12）から「新しい人」（一四・31）になった。パロの手から解放され、まったく主に聖別された。主と共に生きる命が始まった。新約聖書（Ｉコリ一〇・1、2。使七・36、一三・17、ヘブ一一・29、ユダ5節参照）とキリスト教の解釈では海中通過は死及び新しい命への復活と結びつけられる（例えばロマ六・1以下、エペ四・17以下）。エジプトからの解放は人間全体がイエス・キリストの苦しみと功績によって罪の支配から解放されることと理解される。モーセはイエスの型である。海を通って行くことは洗礼を表わし、それによってサタンと悪霊と悪しき欲から解放される。それらのものはパロと彼の軍勢によって象徴され、呑み込まれ、滅ぼされる（ミカ七・15参照）。洗礼の儀式の中で洪水とパロの没落が洗礼の象徴として祈られることがある。

キリスト教徒はイスラエルが敵の滅亡を喜ぶ気持を理解できる。この世界にある悪の根が除き去られ、それは最も深い所で世界の平和の実現を目的としていることを実感する。イスラエルの歓喜はキリスト教徒に溢れるばかりの喜びを考えさせる。人間に裁きが下され、悪が根絶される終りが来る時の喜びである（イザ四四・23、四九・12、エレ五一・48、詩六九・35、九六・11）。今日キリスト教徒は深刻な悪の現実とその悪が根こそぎ抜き去られる必要性を痛感している。福音の光の中にいるからである（例えばマタ五・38以下、ルカ九・51以下、一〇・25以下、一三・34、ロマ一二・9、10。しかし以下も見よ、マコ九・34、48、ロマ一二・19、黙六・10）。福音はキリスト教徒に敵の滅亡を喜ぶことは許さない。神の敵の「絶滅」に言及する旧約聖書の別な聖句はそれを越える声をキリスト教徒に聞かせている（イザ一・2、3、一九・23、五五・5、六六・18、19、ゼカ八・23。マタ二八・19、ルカ二四・47参照）。海中通過の奇跡以上にキリスト教徒にとって頭から離れない問いがある。「神はここに書かれている通りの神であろうか」。この問いはキリスト教徒を悩ませる。出エジプト記の筆者は人間の命を滅ぼすことを神の働きと書き、神について弁明する必要を感じなかった。キリスト教の解釈では寓喩や予型として見る。あるいは神の行動様式が古い摂理と新しい摂理では異なるとして出一四、一五章の中からとげを抜く。

訳者あとがき

C・ホウトマン博士はオランダ・カンペン大学の教授であり、『旧約聖書の歴史注解書』（四一巻）の編集者です。申命記と出エジプト記の注解書を執筆しています。コンパクト聖書注解の出エジプト記はその注解書の一部をまとめて誰でも興味深く読めるように編集した、いわば読み物のようなもので、すらすら読むことができます。もちろん、信仰的にも十分信頼できるものです。劇場で芝居を見ているかのように引き込まれてしまいます。もっともモーセたちはようやくエジプトを脱出したばかりで、更に大きな劇的展開が期待されます。

聖書の中のどの書物は一番重要か、という問いは正しくはありませんが、この出エジプト記はその後のイスラエル人の歴史に決定的に重要な出来事を伝えていると言えます。どんな時にも耐える力と希望を与えました。私は、旧約聖書の人々にせよ、それを読み、語り伝えた人々が、エジプトの救いをどう考えていたのだろうか、いつも問うて来ました。そして預言者イザヤが一九章の終りで驚くべき光景を描いている言葉を見出し深く感動しています。もう一つの問いは、モーセたちが与えられている「乳と蜜との流れる約束の土地」はどこなのかというものです。この問いを持ちつつこれからの展開に期待しています。

この翻訳を勧めてくださった監修者登家勝也牧師には全体にわたって詳細に目を通していただき心から感謝しています。また教文館出版部の奈良部朋子さんの神経をすり減らしてしまうのではないかと思われる程の細かい沢山のご苦労にお礼申し上げます。そしてタイプを打ちながら細々とした修正やご意見をいただいたヨセフス研究の若い努力家坂大真太郎さんにもお礼を言わなければなりません。
この本を手に取り、同じ信仰の道を進む皆様に主の恵みが豊かにありますように祈ります。

二〇一九年二月

片野安久利

訳　者
片野安久利（かたの・あぐり）
1931年8月17日，東京生まれ。日本キリスト教会郡山伝道所牧師。
著書　説教集『深い慰め』（創栄出版，2013年）。
訳書　ローデル『伝道の書』（1994年），スネイデルス『箴言』（2000年），ともに「コンパクト聖書注解」として教文館より刊行。

コンパクト聖書注解
出エジプト記 I

2019年 5 月30日初版第 1 刷発行

訳　者　片野安久利
発行者　渡部　満
発行所　株式会社　教 文 館
〒104-0061　東京都中央区銀座4－5－1　電話　03（3561）5549（出版部）
URL　http://www.kyobunkwan.co.jp/publishing/
印刷所　株式会社　真 興 社

配給元　日キ販　〒162-0814　東京都新宿区新小川町9－1　電話　03（3260）5670
ISBN 978-4-7642-1711-9　Printed in Japan

© 2019　落丁・乱丁本はお取り替えいたします。

コンパクト聖書注解 既刊

旧約シリーズ

創世記Ⅰ（C. ヴェスターマン）	416 頁，	3000 円
創世記Ⅱ（C. ヴェスターマン）	388 頁，	品切
出エジプト記Ⅰ（C. ホウトマン）	228 頁，	3500 円
民数記（B. マールシンク）	358 頁，	2700 円
ヨブ記（A. ファン・セルムス）	446 頁，	3500 円
箴言（L. A. スネイデルス）	406 頁，	3800 円
伝道の書（J. A. ローデル）	272 頁，	2500 円
雅歌（M. J. ミュルデル）	160 頁，	1600 円
エゼキエル書Ⅰ（M. デイクストラ）	436 頁，	3500 円
エゼキエル書Ⅱ（M. デイクストラ）	438 頁，	3500 円
ホセア書（C. ファン・レーウェン）	222 頁，	2700 円

新約シリーズ

マルコによる福音書Ⅰ（C. J. デン・ヘイヤール）	318 頁，	2600 円
マルコによる福音書Ⅱ（C. J. デン・ヘイヤール）	316 頁，	3000 円
ルカによる福音書Ⅰ（H. ミュルデル）	278 頁，	2800 円
ルカによる福音書Ⅱ（H. ミュルデル）	332 頁，	3200 円
ローマ人への手紙Ⅰ（H. バールリンク）	262 頁，	2700 円
ローマ人への手紙Ⅱ（H. バールリンク）	258 頁，	2700 円
コリント人への第一の手紙Ⅰ（H. W. ホーランダル）	276 頁，	3500 円
ガラテヤ人への手紙（C. J. デン・ヘイヤール）	268 頁，	2000 円
コロサイ人への手紙（L. Th. ヴィトカンプ）	232 頁，	2100 円
ヘブライ人への手紙（J. レイリング）	296 頁，	3500 円
ヨハネの黙示録（L.ファン・ハルティンクスフェルト）	252 頁，	2300 円

上記価格は本体価格（税抜）です。